Viviane Amar

Pouvoir ou leadership ?

De Pharaon à Moïse

http://www.leading-leaders.com

© Viviane Amar, 2014, 3ᵉ édition

2ᵉ édition, 2004, Pearson Education France

1ʳᵉ édition, 2000, Village Mondial

Images de couverture :

Giza pyramids, Egypt, V Manninen,
https://www.flickr.com/photos/vippe/2744339260

La Traversée de la Mer rouge, Jacques Courtois, 1676

Sommaire

Introduction
À la recherche de nos racines managériales...........5

1 Ce qu'on nous avait promis...........15

2 Genèse d'un leader...........39

3 Quête de sens...........67

4 Genèse d'un projet...........95

5 Genèse d'une structure en réseau...........123

6 Naissance du projet...........137

7 Le leader passeur de flambeau...........181

8 Retour au 21e siècle...........193

Conclusion
Quelques réflexions...........227

Remerciements...........239

Bibliographie...........241

À ma famille élargie,

à mes amis, aux hommes et femmes qui m'ont comblée,

à ceux qui m'ont déçue,

à ceux que je n'ai jamais vus mais rencontrés dans leur écriture, leur musique ou leurs images,

à ceux qui ont corrigé ce livre avec une grande générosité,

à tous ceux qui m'ont appris à advenir.

Introduction

À la recherche de nos racines managériales

Parce que je voulais donner un sens plus large à mon existence que celui qui m'était suggéré par ma socialisation et ma famille, et que je désirais entrer dans une dynamique de contribution, j'ai entrepris un processus de croissance personnelle avec différents groupes et à travers diverses approches. Ce parcours intime avec des personnes de tous milieux et de tous rangs, en parallèle de décennies d'écoute comme consultante en Europe, en Amérique du Nord, en Asie et en Afrique, m'a permis une meilleure compréhension de notre humanité.

Durant mes premières années de consultation, j'étais souvent en colère contre les dirigeants et compatissante avec la souffrance des employés et des cadres. Je croyais alors que les managers étaient forcément des êtres matures puisqu'ils avaient fait les études avancées qui leur permettaient d'être aux commandes d'autres hommes. J'ai donc mis du temps avant d'accepter le fait qu'un grand nombre d'entre eux étaient fragiles et seuls. Qu'il fallait les accompagner. Que les grandes écoles concouraient à les lobotomiser de leur cerveau droit, et qu'une partie de leurs difficultés venait de ce qu'ils n'avaient pas appris à prendre en compte la vie émotionnelle dans l'entreprise, ce lieu profondément social.

J'ai également réalisé, au fur et à mesure de mes lectures et de mes interrogations sur les dirigeants, qu'ils se pensaient clivés entre vie professionnelle et vie privée. Alors que, à travers leur accompagnement individuel et collectif, il devenait clair que leurs motivations pour l'action tenaient à des histoires culturelles, transgénérationnelles et personnelles qui avaient peu à voir avec un fonctionnement rationnel.

Refusant d'être aveugle ou sourde, j'ai donc véritablement rencontré des présidents, des cadres, des employés et des syndicalistes. Et ce à rebours de mes professeurs qui écrivaient sur ces patrons et leurs entreprises « névrosées » et me mettaient en garde contre le développement d'une telle pratique, très risquée à leurs yeux. Mais je ne pouvais pas ne pas contribuer à donner du sens à leur action. J'ai donc créé de toutes pièces une activité qui n'avait pas de nom alors, et qui s'est largement répandue par la suite sous le nom de *coaching*.

Quels que soient le domaine, la taille, la position géographique de l'entreprise et l'abondance des recettes utilisées pour les mobiliser, j'ai toujours constaté avec étonnement les mêmes attentes et les mêmes aspirations millénaires adressées à ceux qui détiennent le pouvoir. Tous demandent de la cohérence entre les principes et les comportements. Ils s'attendent à ne pas être traités comme des numéros quand l'entreprise parle d'écoute, et à une vraie transversalité au lieu d'un fonctionnement en silos quand elle proclame le travail d'équipe. Ils aspirent à du respect, à la valorisation de leurs compétences, et à la complétude même. Ils s'attendent aussi à l'exemplarité des dirigeants, ce qui témoigne de leur croyance dans la capacité de ces derniers à se transcender. C'est alors que j'ai pris conscience du profond besoin d'une gestion par les valeurs. Et que celle-ci constitue l'ADN motivationnel de toute société humaine. Ce n'est pas une mode. Elle a au moins 3 500 ans.

Je restais incrédule d'abord devant l'universalité de la demande et devant son caractère intemporel. L'expérience d'une écoute au-delà des mots m'a conduite à la découverte de paradigmes qui avaient pris naissance sur les bords du Nil il y a fort longtemps et qui sont encore à l'œuvre aujourd'hui dans les entreprises comme dans les familles. Je me suis penchée sur l'interprétation des premiers chapitres de l'Ancien Testament, et ai découvert au fur et à mesure, à travers la tradition écrite et la richesse d'interprétation qu'offre et exige la tradition orale, leur richesse de sens au plan de la gestion. Ces deux niveaux de lecture permettent une dialectique nécessaire et constante, signe d'un refus du totalitarisme et du désir de faire interagir les hommes quelle que soit leur situation ou la distance, physique, intellectuelle ou affective qui les sépare.

J'ai aussi opté pour cette flexibilité, entre symboles et contextualisation, entre cerveau gauche et cerveau droit, pour un aller-retour entre les citations du texte et le présent, pour une libre association d'idées en lien avec ma pratique de gestion des évolutions. J'ai compris aussi que cette souplesse était congruente avec celle de la structure moïsiaque en réseaux apatrides et nomades, qui l'emportera sur la pyramide pharaonique.

J'ai donc essayé de comprendre si l'Ancien Testament recelait quelques leçons sur la conduite du changement, ses freins et ses leviers, et sur les principes managériaux que symbolisent ses deux archétypes, Pharaon et Moïse.

Nous parcourrons quelques événements significatifs de la Bible, Genèse et Exode en particulier, pour illustrer comment se sont développés les premiers éléments d'une conscience managériale et d'une quête civilisatrice, grâce à un leader qui a fait le pari de la puissance intérieure de l'homme.

L'Ancien Testament, premier livre de management ou conte populaire ? Les bases historiques sont en partie discutées et certains auteurs estiment que celui-ci relate des légendes. Ils réfutent l'existence de Moïse ou la placent avant celle des Patriarches. Le Livre n'est pas un livre d'Histoire ; ce qui compte pour notre propos, ce sont les principes matriciels de gestion qui se dégagent de cette lecture. L'un des objectifs prioritaires semble être de donner sens et cohérence à des événements-clés pour expliquer l'émergence du leadership face à l'autorité suprême. Et pour proposer un changement culturel en profondeur, une charte de management et les conditions de sa mise en œuvre, qui passent par dix principes et quelques pratiques qui engagent aussi bien les plus puissants que ceux qu'ils dirigent.

Les moments marquants qui se déroulent entre ces deux personnes emblématiques, semblent indiquer que face au pouvoir qui accumule les biens, est leader celui qui bâtit et consolide les liens. Sa vraie responsabilité réside dans le chemin qu'il fait et fait faire à autrui, et dans la congruence entre ce qu'il dit et ce qu'il fait. Son défi est celui de la solidarité. Au cœur du monde, il y a la relation et l'interdépendance. Le reste est périphérique, contingent, vain. L'économie évolue, les rêves demeurent les mêmes. Il existe une complétude et une complexité humaines. L'homme est raison et âme, promesse d'humanité. Il a le devoir de sortir de ses destins professionnels, culturels, transgénérationnels et familiaux. L'éthique à laquelle chacun est appelé implique en premier de pacifier son cœur pour mieux guider les hommes.

Dieu est par ailleurs tabou dans les lieux de travail et il peut sembler incongru d'évoquer ce Dieu des croyants qui a clamé : « Je suis celui qui a été, qui est et qui sera. » Et l'intemporalité du Verbe, qui dit aux humains que le présent absolu n'existe pas car tout est en transformation et en potentiel, et qu'ils s'inscrivent dans un au-delà du temps du pouvoir en place. Dieu ou, simplement, notre voie et voix silencieuse, le tuteur intime que nous interrogeons – même lorsque nous n'y croyons pas – au moment des doutes profonds, des grandes décisions, de l'action appropriée. Comme celui de Moïse en discussion et en dialogue avec son Dieu à la fois conscience et mentor. Et qui demande à l'homme d'être à son image : conscience et mentor. Et qui donne ainsi une vision du gouvernement des hommes.

Cet essai se veut une réinterprétation du mythe encore moderne des deux figures emblématiques de l'Exode. J'ai interprété ce que je croyais comprendre et être utile aux dirigeants et aux dirigés. J'ai aussi choisi de ne pas écrire un livre traditionnel de gestion, mais un essai sur le pouvoir et le leadership et sur le parcours intérieur des patrons, sans craindre au passage d'évoquer Dieu. Je fais le pari de parler au cœur et au cerveau droit de ceux qui passent un tiers de leur vie dans les tours et les usines à perpétuer ou à subir les pyramides structurelles, mentales et émotionnelles. J'ai choisi de m'adresser à l'être en eux. Je propose une grille autre que la seule démonstration logique et livre ici ma perception de deux itinéraires.

Ce livre s'adresse à ceux qui croient au potentiel humain et au cheminement du chef d'entreprise, à tous ceux qui ont envie de réfléchir et de choisir le sens qu'ils veulent donner à leur action. « Certains individus, nous dit un dirigeant, par leur histoire et leurs choix politiques ou sociaux, sont piégés dans une dynamique de pouvoir qu'ils ont subie ou qu'ils font subir, récusant toute autorité, fût-elle positive. D'autres n'accepteront jamais la nécessité d'avoir un chef, même porteur d'une vision de la possibilité d'un monde idéal. Mais un plus grand nombre croit heureusement qu'on peut devenir de grands leaders si on est animé par de l'humanisme. Et cette attitude est indispensable ; c'est de surcroît la seule qui peut réussir même si l'on n'y croyait pas. »

Nous commencerons par une première lecture des enjeux actuels managériaux et mondiaux, dans toute leur brutalité, partant de ce qui nous a été promis pour le troisième millénaire et des problèmes qui continuent de se poser et de s'aggraver, essayant d'identifier de manière contemporaine l'origine des écarts entre vision et réalité et de notre déficit actuel de leadership.

De tout temps, les individus ont refusé la culture et les principes pharaoniques de ceux qui détiennent le pouvoir. Nous nous trouvons dans une période de rupture et de combat de valeurs. Or il existe toujours une demande de valeurs moïsiaques. Aujourd'hui les individus réfléchissent, questionnent plus, attendent des explications. Ce n'est pas pour rien que beaucoup parlent de renverser les pyramides et le culte de rentabilité à n'importe quel prix. C'est ce qu'a fait avant eux un autre être, Moïse.

La suite de cet essai nous mènera de la naissance du leader aux racines de l'exercice de l'autorité, à travers les sources affectives de ces deux dynamiques, dans la compréhension de leurs philosophies managériales, des choix de culture et de structure qui en découlent. Avec Pharaon, le culte du soi animé par la volonté de devenir surhomme, alimenté par une histoire personnelle et une mythologie que perpétuent encore les hommes de pouvoir. Pour lui il n'y a aucun enjeu humain, si ce n'est d'atteindre une productivité maximale, d'élargir son bassin de main-d'œuvre et de conquérir pour s'assurer l'hégémonie. Il s'approprie un modèle de gestion : planification, organisation et contrôle, qui a fait ses preuves dans le maniement des hommes et dans leur aliénation. Organisation pyramidale d'une « spiritualité sédentaire ».

Nous découvrirons en avançant pas à pas avec ces deux personnalités fortes, que de tout temps les défis de gestion sont des défis humains.

Avec Moïse, nous ferons un voyage intérieur depuis sa naissance. Nous verrons le poids qu'elle a dans son imaginaire et dans la construction de sa quête de sens et de direction. Qu'il puise les sources de son identité individuelle à travers la transmission transgénérationnelle par ses parents, et comment il se réapproprie les éléments de la culture embryonnaire mise en place par les patriarches. Nous verrons comment s'est construite une manière radicalement autre de voir le monde, fondée sur une philosophie de la responsabilité et de l'interdépendance. Et de quelle manière, par un itinéraire initiatique, fait de périodes de doute, de réflexion et de courage, en contact constant avec la réalité, il bâtit son identité sociale et fait des allers et retours féconds entre la culture esquissée par ses modèles et la culture ambiante, et identifie à la fois les freins éternels ainsi que les leviers d'une culture qui traverse le temps, même quand le leader n'existe plus. S'ancrant dans ses racines et ses valeurs, il peut déployer ses ailes avec confiance et aider sa communauté d'hommes et de femmes à prendre leur envol à leur tour.

Pour clore ce livre, nous reviendrons au vingt et unième siècle afin de rendre compte de manière contemporaine de ce que les lectures, les échanges avec les praticiens en psychologie et la rencontre de patrons en situation de crise ou de sérénité, nous ont appris sur les grands invariants culturels et familiaux qui animent ces deux personnalités. Nous identifierons en finale les traits et les pratiques qui permettent un management transculturel, replacé dans le contexte de notre début de millénaire où la gestion devient également apatride. Leadership transculturel plus qu'interculturel, et de contribution qui, comme me l'ont fait remarquer quelques dirigeants d'entreprises, est archétypal d'une communauté mondiale en réseaux.

L'interculturel révèle les différences, l'acquis, la croûte du pain ; il peut susciter divisions et incompréhensions. Le transculturel est ce qui nous fait tous humains ; il s'appuie sur nos motivations, nos peurs et nos aspirations les plus profondes, liant la pâte dont nous sommes tous pétris et que nous partageons au-delà des frontières géographiques, nationales, religieuses ou ethniques. L'interculturel risque toujours de tourner au « nous contre eux », à la séparation. Je lui préfère le leadership transculturel comme source de cohésion, pour contribuer à bâtir une culture basée sur un « nous les humains » qui traverse le temps et l'espace. J'ai ainsi découvert dans mon travail à quel point le concept de leadership transculturel, plus qu'interculturel, constitue le vrai défi des groupes internationaux à la recherche d'une culture qui nous réunisse enfin.

1

Ce qu'on nous avait promis

On nous avait vendu une Terre Promise pour l'an 2000. Le progrès mettrait l'homme au centre des préoccupations, la technologie nous permettrait de mieux entrer en relation les uns avec les autres. Nous travaillerions moins et nous aurions plus de loisirs, notre existence et notre vieillesse seraient enfin belles. Nos enfants allaient s'épanouir à travers leurs études et la multitude des métiers possibles. Les hommes au pouvoir sauraient où ils nous mèneraient. Sérénité.

Les futurologues aujourd'hui plus prudents se contentent de nous promettre des cycles de croissance et de décroissance, de famine pour les uns et de surabondance pour les autres. Et la révolution industrielle et informationnelle la plus rapide de l'histoire. En effet, nous sommes déjà dépassés par les possibilités des nouvelles technologies, dont certaines permettent de démocratiser le partage d'informations issues de toutes les couches de population. Un partage d'informations *a priori* libérateur, qui est devenu en une décade un piège où nous risquons de nous enliser.

L'humanité est devenue un marché et l'homme un consommateur. Et la planète demeure partagée entre un Nord riche et vieux et un Sud pauvre et jeune. Deux aliénations. Celle des plus nantis qui, croyant gober le temps et l'espace, seront seulement connectés et de plus en plus happés dans leur spirale de toute-puissance et leur désir d'immortalité. Celle des exclus qui s'efforceront d'approcher le miroir aux alouettes de nos quartiers sous verre et sous serre. Nous avons créé un monde d'extrêmes, de dichotomie et de déséquilibre ; tout est exacerbé. Deux plaques tectoniques : combien encore seront engloutis dans l'immense fracture sociale ?

Monde à deux vitesses, celui nomade des générations reliées numériquement, et celui des sédentaires déconnectés de cette vie virtuelle dont on voit poindre les premières conséquences néfastes. Deux horizons humains, deux civilisations parfois : celle du jet de pierre et celle de la fibre optique. Commerce à deux temps. Dans certaines parties de la planète, certains sont à la recherche de « matière grise » à acheter, et des bras sont à vendre dans d'autres coins du monde. Économie virtuelle de l'intelligence, économie plus souterraine des organes.

Nous nous nourrirons toujours plus d'alicaments aux vertus magiques pour compenser les conséquences d'une alimentation malsaine et de médicaments aux effets secondaires outrageusement négatifs. Oui, nous vivrons plus vieux, et nos organes sont de mieux en mieux réparés, mais nous sommes plus nombreux à nous sentir malades. Des magiciens éclairés, chirurgiens devenus architectes de la vie, fabriquent des prothèses qui voient et bougent. Nous aurons des banques d'organes de rechange, et certains sont déjà opérés à distance, par des robots. Les objets penseront et parleront, ils entendront et verront et nous répondront et nous préviendront et échangeront entre eux à distance. Ils ressentiront même des émotions ! Et l'on reconnaîtra la singularité humaine, ce qui fait chacun unique, à son code génétique. Toute vie aura sa signature, électronique.

Les liens relationnels deviennent plus virtuels, plus addictifs aussi, à moins de les désirer et de les maintenir ardemment. Or, plus nous disposons d'outils et moins nous communiquons vraiment. Handicapés relationnels, nombreux se choisissent des partenaires électroniques et se donnent l'illusion de l'intimité par écrans interposés. Dans cette course à l'électronisation de la relation, à l'exaltation des fantasmes sur le réseau mondial, nous sommes de plus en plus seuls, sans repère pour l'action juste. Croyant nous désaliéner, nous avons tué Dieu et brisé la famille. Nous voguons sans ancrage. Nous sommes pris de vertige. Nous déshumanisons la mort et mettons parents et vieillards dans des prisons de l'âme. Ils ne voient plus courir et rire les enfants. Et la vérité de leur cœur nous est à jamais fermée. Nous ne serons reliés ni à la conscience de l'univers, ni à notre famille, ni à nos lieux de travail. Dans la même maison, nos enfants nous parlent et se parlent par écrans interposés. Leurs yeux et leur attention fixés sur les « textos » dans lesquels ils échangent par onomatopées avec leurs amis virtuels ; ils ne portent plus leur regard sur leurs aînés. Oui nous avons la fibre optique, et nous aurons la pensée magique avec.

Pour la majorité, une immense solitude nous frappe. Modelées par certains couturiers qui disent les aimer, des femmes cultivent l'anorexie. D'autres se gavent de succédanés affectifs. Certaines croient usurper du temps au temps en se faisant découper et recoudre visage, ventre ou seins. Seul Narcisse est éternel. Des hommes sont tout autant pris dans cette quête. Pendant qu'on stérilise des millions de mères, une gérontocratie pharaonique s'enivre de virilité artificielle, entourée de vieilles et de jeunes « Barbies ». Plus d'hommes jouent à Tarzan, plus de femmes à Jane. Confusion des mythes et de la réalité. Refus de grandir et de vieillir. De mourir.

Nos enfants, plus rares, plus intelligents, seront confiés à des animaux virtuels et à des caméras, pendant que la violence d'autres jeunes continuera à effrayer les parents, et que la mort de centaines de milliers d'autres nous laissera indifférents. Les enfants sont séparés entre père et mère, et entre eux. Les familles sont éclatées et les banlieues hantées. Les havres de paix demeurent rares. On croise les disparités au quotidien, comme toujours misère et opulence cohabitent. Les fonds changent de mains, les écritures numériques tracent des destins.

De jeunes internautes ont une chance de reprendre le pouvoir aux générations précédentes, de le voir changer de main, allant aux plus créatifs, aux plus entreprenants, à ceux qui sont plus soucieux de partager que de monopoliser. Ils veulent réellement satisfaire un client individualisé désireux de sur-mesure et d'une attention toute particulière en le traitant comme une personne avec ses libres choix, et non plus captif et impuissant face à

Pouvoir ou leadership ?

l'offre. Ils leur proposent un mode de relations autre que pharaonique. Je rêvais en 2000 que, pour la première fois depuis des millénaires, la puissance irait autant aux consommateurs qu'aux actionnaires. Hélas se multiplient à la face du monde des réseaux de mafias tentaculaires, politiques, religieux, technologiques. Nos chaînes sont devenues invisibles.

Leadership mondial déficient. Nos théories s'effondrent, nos mythologies s'érodent, nos rêves partent en fumée, nos illusions nous chagrinent. En perte de repère, nous cherchons encore des recettes. Des patrons anxieux guettent tous les jours les pythonisses et espèrent les nouvelles révélations des gourous de l'heure pour mieux orienter leurs affaires. Gouvernements et hommes politiques gèrent la baisse ou la hausse de leur cote aux sondages, peu proactifs dans la préparation de l'avenir de ceux qui le leur ont confié, amnésiques de leurs promesses. D'antiques rivalités sont exacerbées par des chefs d'État qui se rêvent nouveaux Pharaons. De vieux antagonismes autour de revendications territoriales et religieuses secouent le monde. Tous avides de reconnaissance et de pouvoir à n'importe quel coût. La volonté de revanche sur les humiliations millénaires ou centenaires, réelles ou seulement perçues, réveille des pulsions barbares. Des bébés sont bardés de bombes artisanales et de kalachnikov, et des adultes décapités. En quinze ans depuis la première édition de ce livre, l'horreur est devenue planétaire. Notre civilisation voit son déclin, et la terreur lui tient lieu de motivation.

Les organisations syndicales qui devaient contribuer à l'évolution de l'homme ont fait erreur sur leur mission. Elles s'accrochent à leurs acquis, oublieuses de l'enjeu d'individuation des êtres qui leur font confiance. Seuls quelques-uns se battent contre des institutions autistes pour laisser une planète propre à nos enfants.

Par ailleurs, de merveilleux progrès technologiques nous font découvrir l'espace et voyager à travers les temps premiers de la création de notre univers, nous laissant entrevoir le merveilleux des relations qu'entretiennent les forces quantiques ou cosmiques. Les nanotechnologies permettent d'explorer l'infinitésimal du corps humain. Dans l'infiniment grand ou petit, tout est interaction, connexion et interdépendance. Tout est *un*, champ relationnel, énergétique. Mais nous résistons de toutes nos forces à approfondir nos motivations, à élargir notre conscience et à donner sens à notre chemin de vie.

Prisons mentales et mythes réducteurs

Nous créons nos déterminismes, nos veaux d'or et nos cultes. Nous renforçons nos barreaux, nous sommes nos propres geôliers. Nos prisons mentales individuelles sont issues de la répétition de nos scénarios, ainsi que des premières légendes sur la famille et les rôles de chacun dans la société. Prisons générées par la prégnance archaïque de nos grandes figures religieuses, politiques, nationales, managériales, celle plus récente de nos modèles éducatifs et d'affaires, celle plus éternelle de tous les pouvoirs en place.

En réalité, nous fuyons ce dont nous avons le plus besoin, la relation. Nous occultons que nous sommes tous en quête de reconnaissance et de valorisation. Nous créons des alibis pour ne pas nous avouer l'évidence : notre vulnérabilité et notre nécessaire interdépendance. Notre difficulté relationnelle, première plaie sociale, réhabilite peu l'être que nous sommes et nous prive de nos capacités. Nous sommes nombreux à avoir du mal à nous dégager de pratiques qui nient notre complétude humaine, font éclater notre identité, nous déspiritualisent et clivent notre conscience entre travail et vie privée. En toute bonne foi, certains dirigeants nous diront : « Je ne suis pas le même homme à la maison. »

La conquête effrénée des territoires, l'internationalisation même, réussie avec les bras, les cœurs et l'intelligence de ceux qui y ont contribué et ont été trahis, les plans dits sociaux, le refuge dans les recettes de court terme, la seule gestion des chiffres et des objectifs imposés, troublent cette fin de siècle. Un chauffeur de taxi, ancien directeur des ressources humaines dans l'industrie pharmaceutique, nous confie au sujet du management de sa directrice : « Elle était un tueur... Ce n'est pas avec les comptes d'exploitation qu'on fait bouger une armée. » L'extraordinaire énergie consacrée à l'instrumentalisation et à la mise en place d'outils de management plus ou moins sophistiqués, ou simplement recyclés et renommés par manque de réflexion et de créativité, remplace difficilement l'intelligence relationnelle et la maturité émotionnelle. Nous vivons pour la plupart une mythologie moderne reposant sur quatre leurres réducteurs.

Premier leurre : clonage de l'homme organisationnel

Sur l'autel érigé au culte du diplôme, le futur manager est sacrifié. Prisonnier consentant d'un système qui l'oblige d'abord à une vie cloîtrée consacrée aux concours, il se découvre plus tard coupé de l'itinéraire propice à l'apprentissage de la complexité humaine, de sa propre complétude. La tendance à normaliser les hommes dans certaines écoles et sociétés, participe au clonage des cadres. Il est peu probable de les voir se transformer spontanément en développeurs de potentiels. « La fabrique des managers est encore prospère. » Mais combien se préoccupent de faire émerger de vrais leaders de contribution, transculturels ?

Les blocages qui empêchent l'atteinte des objectifs sont décodés selon des grilles managériales. Or leur source ne vient pas que des marchés, de l'internationalisation, du cours des monnaies, des technologies et des processus. Nous analysons les résultats sans nous attaquer aux origines des dysfonctionnements. Nous préférons encore les croire techniques, environnementaux ou économiques, donc accidentels et négligeables.

Alors qu'ils attribuent leur insuccès à des causes externes, plusieurs patrons et *a fortiori* leurs managers ont peu appris sur leur propre capacité à influencer la stratégie, la structure, le mode de communication, la culture et la dynamique des équipes de direction, et ainsi le niveau réel de performance de leur entreprise. Ils s'emploient à conjuguer les paradoxes de l'économie et du social, quand ils sont invités à les réconcilier.

Certains dirigeants ignorent encore à quel point les conflits personnels qu'ils n'ont pas résolus influencent la compétitivité de leur organisation. Et que l'entreprise est souvent le théâtre managérial où se rejouent très subtilement les scènes familiales. Et bien que le coaching soit à la mode, alors qu'il peut être une pratique fondamentale, courageuse et noble de recherche de sens et d'émergence des virtualités, peu de dirigeants ont des retours sur la signification de leurs comportements et font le lien avec leur histoire. Certains cheminent vraiment, comme ce dirigeant, fils de travailleurs émigrés qui avaient souffert du mépris et des coups bas des contremaîtres dans les mines, et qui a découvert, dans la méfiance transgénérationnelle, les sources de ses difficultés et de son inefficacité à établir un climat de confiance avec sa hiérarchie et son équipe.

Pendant que certains chefs conditionnés à être partout les premiers, maintiennent allumés les barbelés électrifiés autour de leurs baronnies, les employés et les cadres nous parlent de favoriser la synergie entre les départements. Ils font un excellent audit des défis qui rendent l'entreprise vulnérable et réclament souvent d'être plus informés sur les clients et la concurrence. Certains dirigeants sont souvent surpris par l'intelligence du diagnostic interne et externe fait par ces personnes, par la qualité et la profusion de solutions créatives proposées lors de réunions à cet effet. À tel point qu'ils prévoient rarement un budget suffisant pour rémunérer toutes les idées brevetables. Ils ont été formés à croire que la « matière grise » réside dans les hauts étages où ils règnent.

Dépourvus devant notre richesse émotionnelle, vécue comme une faiblesse ou une menace, nous avons cru pouvoir la bannir et feint de croire que le vrai progrès viendrait de la technicité. Dans le monde des affaires, personne ne parle de sa capacité de transcendance. Tabous aussi sa joie, son désir, ses peurs et ses aspirations, Dieu, l'amour et la mort.

Certains présidents affirment dans leur rapport annuel que « le développement des hommes est au cœur de la stratégie de performance et de la compétitivité », mais ce dossier est délégué quatre niveaux hiérarchiques plus bas, à des personnes pour qui « ce n'est pas la priorité des priorités ». Et il arrive souvent que les cloisons soient étanches entre ceux qui travaillent sur la stratégie, les valeurs, le profil de manager, la gestion des cadres à haut potentiel ou la formation. Parfois, des directeurs des ressources humaines nous font une demande d'accompagnement de responsables, qui requiert expressément le clivage entre les deux sphères de la vie privée et de la vie professionnelle.

Or, malgré les systèmes et pratiques qui poussent certains managers au bord de la schizophrénie, nous sommes souvent impressionnés par l'intelligence du cœur de nombreuses personnes que nous rencontrons à tous les niveaux. Et celle-ci, noyau même du leadership, n'est toujours pas requise et ne figure dans les critères ni du recrutement, ni de l'évaluation, ni de la promotion. On cherche des « talents » mais surtout pas d'intelligence relationnelle et encore moins de maturité émotionnelle.

Deuxième leurre : le verbe managérial remplace le verbe divin

Ce deuxième leurre implique un discours managérial masculin et prône un langage viril et sportif : conquête des marchés, compétition, concurrence, pilotage, vigie, gagnant, guerre des marchés, camp des leaders, équipage, coach. Banni le langage du cœur. Nombreuses sont les chartes de management et toujours émouvantes leurs valeurs. Mais quel écart avec la réalité ! Les managers ont cru diriger le monde avec rigueur et rationalité, valeurs dites masculines, trop peu actualisées le plus souvent, et cela est évident aussi bien dans les décisions dites stratégiques que dans les problèmes de qualité qui relèvent davantage de problèmes de cohérence entre les chefs que de *reengineering* des processus.

Bien qu'essentielles et structurantes, ces valeurs demeurent souvent amputées d'autres plus intérieures, dites féminines, d'empathie, de compassion, d'écoute généreuse ou, encore moins, de développement de la puissance intérieure de leurs collègues. Dimensions encore taboues. La majorité des femmes, par crainte d'être exclues des plus hauts niveaux du pouvoir, se sont collées au système, à la mythologie masculine et pharaonique et à ses paradigmes. Elles osent trop rarement faire bénéficier leurs collègues de leur intuition, tout comme elles censurent leur capacité d'être dans la complétude. Les femmes prennent encore trop peu le risque d'être différentes, de s'affirmer dans leurs croyances ou de désaliéner les hommes pris dans leurs schémas réducteurs. Dans de grandes sociétés qui en dépendent et qui en affichent la nécessité, les directeurs nous confient : « Chez nous, l'intuition demeure encore tabou. »

Pourtant des exemples s'offrent à l'admiration. Des patrons entreprennent de développer économie et social avec un certain succès. Ils mettent aussi en place des accompagnements et des formations pour développer la puissance intérieure de leurs dirigeantes et leur donner les moyens d'un cheminement grâce auquel elles pourront déployer leurs ailes. Ces actions en profondeur contribuent davantage que les approches en surface au changement culturel nécessaire à une internationalisation réussie. À l'inverse des personnes de pouvoir, ces dirigeants sont de ceux que leurs employés nomment des leaders.

Troisième leurre : notre conception du temps est celle du pouvoir

Le troisième leurre vient d'une conception occidentale et économique du temps. Le pouvoir, comme à l'époque de Pharaon, façonne l'existence de l'homme. Il lui dicte ce que son temps au travail vaut, ce que sa vie pèse. Des dirigeants professionnels nous racontent très sérieusement, essayant de se convaincre, que chez eux « on ne licencie pas des hommes, on licencie des heures ». Mais trois mille personnes et leurs familles se retrouveront en perte de repères et de sens.

Le temps moderne est celui du retour sur investissement. La pérennité est encore trop rarement une valeur d'entreprise. À observer les faits, la vraie création de richesse ne serait que celle du court terme, sanctionnée par le cours de l'action.

Chaque revue mensuelle des objectifs du plan stratégique devient un cauchemar pour tous. Les équipes locales, paniquées, passent plus de temps à peaufiner les présentations et les rendre visuellement attractives aux yeux des financiers du siège social, qu'à concevoir les actions assurant le dépassement de la crise. Elles sont aussi souvent contraintes d'abandonner les rares stratégies sur lesquelles elles avaient péniblement fait cohésion et qui donnaient du sens à leur engagement.

La Bourse, pouvoir ô combien réel, donne au temps une dimension sacrificielle. Elle déjoue toutes les planifications soigneusement élaborées. Comme un château de cartes, les institutions financières et leurs analystes, ultimes pouvoirs, engouffrent en quelques jours une partie de l'économie mondiale pour des profits qu'eux seuls dévorent.

Nous tentons de survivre au rythme affolé des encéphalogrammes et des électrocardiogrammes d'un Titan mondial fiévreux ou dépressif. Miroir de la vie affective du marché et de ceux qui le composent, reflet de la subjectivité humaine, ombre chinoise de la mondialisation des inconscients et des peurs. Quant à la part de l'inconscient dans la motivation en entreprise, qui ose aborder ce sujet ? Qui considère la qualité de la vie émotionnelle du dirigeant et de son entreprise comme un facteur de croissance ou de décroissance ?

Les analystes, Ramsès des temps modernes, cravachent les conseils d'administration, qui cravachent les gestionnaires, qui cravachent les cadres de première ligne, qui cravachent à leur tour ouvriers ou employés. Ceux-ci mettront souvent en situation de rage, d'impuissance et de dépendance, le client qui paie pour leur salaire. Cette spirale n'épargne pas la plus haute hiérarchie, hantée par la récompense des primes et des stock-options ou par la crainte de perdre la présidence.

Nous vivons à l'ère VAV : Virtualité, Accélération, Volatilité. Étonnamment, la lettre hébraïque *vav* est celle du lien. Elle rend compte que l'homme est la dernière conjonction sensible entre structure et esprit, matière et spirituel. Mais nous prenons trop peu conscience encore de ce pouvoir de transformation qui émergerait de notre capacité à conjuguer au quotidien ces deux aspects de

Pouvoir ou leadership ?

nous-mêmes. Cloisonnement induit par les pouvoirs ou crainte de découvrir notre propre puissance ? Pourtant des sociétés numéro un dans leur métier cherchent des personnes à haut potentiel, non moulées.

L'accélération du temps se vit parallèlement à celle du narcissisme à travers la boulimie des fusions. L'anxiété des entrepreneurs se nourrit d'ailleurs de paradoxes : à l'ère de l'intangible, beaucoup s'accrochent aux acquisitions avec leur cortège de dysfonctionnements et leurs cultures antagonistes. Les combats économiques se font entre Big Brothers monopolistiques et jeunes internautes fureteurs.

La peur de faillir, de rater le coche, est souvent source de la stratégie de court terme : par crainte d'être mangés, ils sont nombreux à gober. Les grandes vagues d'internationalisation persistent, apparemment rationnelles. Quelques-uns ont fait échouer des fusions prometteuses, incapables de l'ouverture nécessaire pour jouer l'interdépendance, prisonniers de leur histoire personnelle irrésolue, avides et en quête d'une place dans la cour des grands. L'avenir, pour un grand nombre, ne tient qu'à la vie affective de leurs dirigeants.

Certains patrons en quête d'empires où la main-d'œuvre est moins coûteuse et où ils peuvent ouvrir de nouveaux marchés, mutilent au passage les petites entreprises locales ou lointaines, les êtres fidèles et les gouvernements qui ont participé à faire d'eux des géants. *Tabula rasa.* En tous lieux, nous observons les deux symptômes de la maladie de notre fin de millénaire, boulimie et anorexie. Toute-puissance et impuissance. Pour trop peu d'hommes l'avenir revêt encore un espoir.

Et en même temps un autre souffle est redonné par des initiatives comme Linux, qui met gratuitement un système d'exploitation à la disposition des internautes pour l'améliorer. Ainsi se forme une communauté où la créativité et l'intérêt collectif sont au cœur des valeurs.

Quatrième leurre : légende au pays du travail et du leadership

Le quatrième leurre concerne un conte que ceux qui détiennent le pouvoir et certains médias nous racontent sur le leadership des organisations et des personnes : les meilleurs, les plus compétitifs, ceux qui seront de bons gestionnaires évalués à l'aune des seuls résultats économiques, vivront le paradis sur terre. Ceux qui, «… voraces… féroces… carnassiers… ou crocodiles », font des razzias sur les cultures qu'ils annexent, serviront de phares. Oublieux que la gestion pharaonique est déjà dépassée car nous sommes entrés dans une ère où la créativité sera reine, et que celle-ci est inaliénable par le pouvoir.

Pour certains le travail est encore la conséquence de l'Éden perdu, culpabilité et punition, et pour d'autres il est un droit durement acquis, à conserver au nom de l'ancienneté ou par crainte de devoir évoluer et préparer un avenir qui risque de se faire sans eux. Fréquemment, le travail reste un lieu de souffrance et survie. Heureux les privilégiés pour qui il est sentiment de fierté et d'identité, mise en mouvement de leurs capacités et de leurs aspirations.

De trop nombreux dirigeants ont des difficultés à intégrer que toute valeur unique érigée en idole contient les ferments de son déclin. Et peu se préoccupent de l'équilibre fragile entre valeurs complémentaires trop souvent perçues comme paradoxales, telles qu'économie et social, ou raison et cœur. Pourtant, en parallèle, de vrais leaders se posent la question de leur responsabilité envers la société. Des membres de conseils d'administration dans un des monopoles de l'assurance et dans l'alimentation ont réussi à faire imposer une gouvernance d'entreprise qui a pour obligation complémentaire de se donner des objectifs sociétaux et environnementaux, prenant ainsi le seul et véritable leadership sur leurs concurrents. Serons-nous des bâtisseurs de civilisation ou des trous noirs ? Certains prétendront avec beaucoup de sérieux que l'entreprise ou l'institution n'est pas le lieu pour de telles réflexions.

Nous préférons ne pas crier trop haut que la qualité de la culture, porteuse ou destructrice, dépendra avant tout de la qualité humaine des dirigeants. Tabou. Il parait tellement plus sage de parler instruments, statistiques, rendement, technologie et stratégie. Cela permet aussi à certains cabinets de consultants de concocter des recettes et des potions de jouvence.

Nous avons souvent accepté de laisser fausser notre vérité en nous laissant réduire, mesurer, évaluer par des critères réducteurs et biaisés. Certains sont encore tentés par les modes et deviennent d'excellents gestionnaires de boîte à outils. Ils pensent acquérir de la légitimité en ayant une batterie de cuisine complète et en bouleversant les organisations. Ils ont du mal à croire que le processus de conduite des hommes est d'abord intime, que c'est le travail sur soi qui mène à une restructuration des schémas mentaux, et que l'entreprise puisse devenir ce lieu de révélation humaine lorsqu'un regard juste et bienveillant est porté sur la personne. Ceux à qui nous expliquons que l'accompagnement individuel permet d'inscrire le projet professionnel dans le projet de vie et de mieux guider l'action chuchotent : « Si vous leur parlez du sens de leur vie, vous allez les effrayer, les déstabiliser. »

Pharaons du troisième millénaire, nous avons appris à faire plus de briques avec plus de procédures, moins de bras et plus de profits. Les gouvernements se plient à cette logique ou surprotègent, faute de vision. La mémoire et l'expérience des aînés sont perdues. Les nombreux jeunes retraités sont vidés de leur substance et de leur identité par la force du système idéologique en place, et les entreprises, par effet de boomerang, sont amputées d'une partie de leurs savoir-faire et de leur compétitivité.

Nous avons seulement changé de polythéisme. Idolâtres, nos pharaons modernes sont habillés par de grands couturiers. La mallette, l'ordinateur, l'Iphone et Internet ont remplacé le sceptre et les attributs du pouvoir. Au dieu Râ, nous avons substitué les dieux M & M : Marchés et Mammon. Si l'aliénation physique a disparu en grande partie, celle psychologique gît plus souterraine. De tout temps, elle demeure chaîne et asservissement.

Pouvoir ou leadership ?

Nous préférons occulter que nous gérons souvent les hommes avec zéro-cœur et zéro-âme. Les zéro-arrogance, zéro-humiliation, zéro-indifférence demeurent tabous, bien que le manque d'éthique de certaines sociétés dans des pays en voie de développement ait soulevé de véritables tollés qui les ont obligées à réorienter leurs pratiques. Nous avons appris le juste-à-temps, mais rares sont ceux qui parlent du geste juste. Celui qui permet de se regarder en tout temps dans un miroir. Celui qui ne laisse ni amertume ni regret à l'heure du choix ou des souvenirs. Le cœur et la conscience ne semblent pas constituer les vrais éléments du progrès. En franchissant les portes de certaines organisations, nous sommes sensés laisser nos âmes au vestiaire.

Et pourtant, les très nombreux lecteurs de *Time Magazine* qui ont élu les trois hommes phares de notre siècle, Einstein, Gandhi et Roosevelt, ont tous opté pour des êtres aux âmes belles, qui nous ont appris une leçon importante, « la valeur à la fois d'humilité et d'humanité ». Imparfaits mais visionnaires, modestes architectes du monde, inventeurs de modèles ou de formules, preneurs de risques, d'une vitalité étonnante, mus par une conviction viscérale mise au service du projet collectif, cherchant tous trois à désaliéner les hommes de leurs enfermements, incarnant eux-mêmes le changement. Chacun dans son domaine a fait de ce siècle celui de la science et de la technologie, des droits de l'homme, et de la démocratie, influençant en profondeur les hommes de bonne volonté. Ainsi tous les jours des êtres, jeunes et vieux, sont dans une dynamique et un leadership de contribution.

Viviane Amar

La confrontation des archétypes

Entre hommes de pouvoir et leaders, une mer à traverser. Le risque de l'approche choisie est de faire une caricature des deux figures emblématiques, de faire vraiment ressortir les paradoxes pour mieux en dégager les grandes différences. Le lecteur devra garder à l'esprit que nous avons tous, en nous et selon les circonstances, des aspects de l'homme de pouvoir et des dimensions de leadership. Souvent nous oscillons, tiraillés à des degrés divers entre ces deux motivations, entre Pharaon et Moïse.

Nous avons surtout entretenu la confusion : le dirigeant est-il un chef qui utilise son entreprise pour nourrir son ego ou un entrepreneur qui contribue au développement de ses employés et de sa société ?

Tous les dirigeants ne sont pas leaders, tous ne sont pas des hommes de pouvoir. Il est nécessaire de distinguer entre les deux styles de management.

Pouvoir ou leadership ? Depuis toujours, ces deux modèles vivent dans notre inconscient.

D'une part, la dynamique de deux personnes appelées à vivre des destins remarquables, dont les chemins ont une signification qui apparaît à la lecture de leur histoire individuelle.

Tous deux des hommes visionnaires, brillants, puissants, ambitieux et profondément solitaires. Combat de tout temps qui ne peut se transformer que dans la recherche d'équilibre des compétences managériales réciproques, dans l'acceptation et la compréhension de leurs réalités, de leurs quêtes de sens.

D'autre part, l'affrontement culturel millénaire : celui entre pouvoir et subordonnés. Deux visions du monde : celle de ceux qui capitalisent, croissent et dominent quel qu'en soit le prix. Et celle des salariés, motivés ou résistants, qui désirent partager le fruit de leurs efforts, se réaliser et souvent bâtir avec leur hiérarchie. Mais pas à n'importe quelle condition. Ils veulent un équilibre entre pouvoir et impuissance.

Logique de mort ou logique de vie ?

Pouvoir de l'un, « un pharaon qui s'était levé sur l'Égypte », sans nom précis, sans datation. « Un » pharaon, image de tout dirigeant incarnant l'autorité suprême. Le nom du chef importe peu pour le travailleur. Celui qui est omniscient et omnipotent peut, en un geste, un regard ou un mot, transformer voire détruire sa vie, celle de sa famille et de son clan. Il peut lui faire toucher l'indicible impuissance, le dénuder et le démunir jusqu'au fond de son âme, et n'installer en son cœur à son tour que désir de revanche ou résignation.

L'autre, Moïse, nom banal, fils d'homme, modèle de la personne porteuse d'un autre paradigme des relations entre humains, entre dirigeants et ouvriers, proposant une mutation du regard posé sur l'homme et sur le gouvernement des chefs, réhabilitant l'être dans sa globalité. Conscient de l'immense responsabilité des dirigeants à s'affranchir et à affranchir les travailleurs, à sortir des prisons de leurs Égyptes intérieures.

Deux forces symboliques de la différence entre deux visions managériales et affectives du monde. Deux paradigmes toujours à l'œuvre. Basculement qui introduit pour la première fois une rupture dans l'exercice de l'autorité, et offre le leadership comme alternative au pouvoir.

Le pouvoir déresponsabilise le subordonné, il l'aliène, l'endort. Il lui fait croire que tout est sous contrôle, et qu'il est normal qu'il en aille ainsi. Il cherche à le distraire de sa condition et de son désir de révolte par les promesses, les fêtes en son propre honneur qu'il commandite et les événements qu'il préside entouré de sa cour qui le rassure et le flatte. Stratège et conquérant, il mène les combats pour s'approprier ce qu'il convoite. Il dirige son organigramme ; et son administration fidèle et nombreuse gère par la règle et la structure, par les normes, souvent par l'indifférence. Certains employés racontent : « Nous sommes des néants. Regardez, nous ne sommes pas sur les organigrammes. » Au service de son ego, le pharaon moderne utilise toujours les hommes pour bâtir son hégémonie et montrer les signes tangibles de sa toute-puissance. Il humilie les chefs conquis et nivelle les travailleurs, stratifie les castes, les sédimente, divise. La recherche de cohérence et de cohésion n'est pas sa quête.

Le leader gère par les valeurs, par la cohérence entre ce qu'il dit et ce qu'il fait : cela constitue la base de sa dynamique personnelle. Il démocratise la parole, libère le

Pouvoir ou leadership ?

dire, crée des lieux d'expression et de sens pour éviter la souffrance du silence. Il accepte la prise de risque et la remise en cause continue, et particulièrement dans les moments de crise. Lucide, il est conscient que les véritables menaces ne sont pas externes. Il éveille aux vrais dangers, aux défis humains universels que constituent les attitudes qui freinent la cohésion interne. Il appelle au sentiment de réalité.

Esprit nomade, il avance et fait cheminer des êtres humains, gère le chaos et est à la recherche du sens qui alimente un projet congruent avec les rêves humains. À la pyramide, il préfère le réseau, la construction d'un « être-ensemble ».

Le leader est animé par une mission. Visionnaire, il procède par essais et erreurs, s'adapte mais ne déroge jamais à son ancrage intérieur. Il aime les hommes et les sert, et ils le sentent. Il a pour projet la verticalisation humaine. Il dit aux travailleurs qu'ils sont plus grands que leur histoire. Il leur prouve sa confiance en leur capacité à sortir des cartes mentales de l'assujettissement. Il les valorise. On dit de lui : « Il ne parle pas des hommes, il parle aux hommes. »

Deux histoires personnelles parallèles : l'homme de pouvoir admiré, fascinant mais craint, grandiosité et narcissisme délirant. Le leader admiré et aimé, humilité et question fondamentale.

L'homme de pouvoir ferme les portes d'un futur fécond pour les hommes. Le leader est passeur de flambeau et d'espoir, il ouvre les portes de l'avenir. Dynamique de mort, dynamique de vie.

Les leaders seraient ces passeurs entre mémoire individuelle et collective, présent et futur, d'une rive à l'autre dans les paysages transgénérationnels, réels, symboliques et affectifs. Passage et traversée. Passage d'un état de conscience à un autre, des phases de l'adolescence à l'adulte autonome en recherche d'accomplissement. Apprentissage de la dignité et de la responsabilité. Une vision moïsiaque de la conduite des hommes. Un voyage initiatique pour dirigeants et dirigés.

2

Genèse d'un leader

Sur les bords tranquilles du Nil, dans un berceau enduit de poix et de bitume, parmi les joncs et les roseaux, un enfant vagit. Depuis quelques minutes il vient de commencer un voyage dans l'éternité à nul autre pareil. Dans cette étroite nacelle sommeille déjà un message, sourd un sens, germent la conscience d'une mission et la semence d'une vision. Bercé par le flux des flots, l'enfant dort, et ce cri dans son rêve est déjà appel à autrui, invitation à sa responsabilité et à sa compassion.

L'enfant est fragile et seul. Sur la rive, cachées au milieu des hautes herbes, sa sœur Myriam et sa mère. Guidées par l'espoir d'un destin meilleur pour ce fils et frère parmi ceux qui n'ont pas le droit de vivre aux yeux de l'homme de pouvoir, elles ont fui les chantiers et prennent ce risque ultime pour veiller sur la vie de l'enfant. Elles croient qu'aux plus hauts niveaux d'autorité, un cœur peut s'éveiller.

Les rayons du soleil depuis des heures caressent l'eau, la font miroiter. La princesse et ses compagnes ne tarderont pas à venir se baigner. Des pas dans les joncs, des rires emplissent l'air. Soudain la plainte du petit de l'homme jaillit à nouveau des roseaux. Silence sur le Nil. L'univers s'arrête un instant à l'appel d'un enfant, suspendu à l'âme d'une étrangère. Le cœur des femmes bat à l'unisson.

Et, avant même que les yeux de la princesse ne se portent sur la frêle créature, la voix qui est demande et vulnérabilité atteint cette jeune femme dans son humanité la plus profonde. Et par cet éveil de ses propres sens, elle réveille sa conscience. Et l'enfant commence à exister pour elle. Qu'importe maintenant qu'il soit de ceux que son père tout puissant a décrétés passibles de mort. Le visage du nouveau-né est instance, interpellation. Dépassant sa crainte, elle accepte l'offre de Myriam qui s'est maintenant approchée, d'aller « quérir une nourrice parmi les femmes hébreux ». La mère se joint vivement aux étrangères en attente autour de son nouveau-né. Elle s'incline devant celle à qui elle doit la vie de son enfant, le prend, le serre contre elle et le conduit dans sa demeure. Elle parle longuement au nourrisson lové contre elle. Elle sait qu'un jour il lui sera retiré pour devenir prince gouverneur d'Égypte.

La mère ne peut dire encore à ce petit, qui ne peut comprendre, que pour le sauver il faudra se séparer, et que parfois la vie d'un enfant dépend d'un plus puissant. Il lui est si difficile de lui avouer que sa famille est incapable de le protéger contre les plus grands, que même les parents sont parfois démunis devant l'autorité. Son cœur se déchire à la pensée qu'ils ne le verront pas grandir. Elle voudrait un jour lui faire comprendre que chacun, roi ou ouvrier, est seul pour traverser les étapes qui mènent au « chemin de l'homme ».

Elle aimerait tant lui transmettre son expérience de la vie, lui offrir sa connaissance pour lui éviter les souffrances. Mais elle ne peut que faire confiance au voyage que feront le cœur et l'âme de son fils. Nomade depuis les temps premiers, en quête d'un lieu où s'arrêter et voir évoluer sa postérité dignement. Elle, la mère et l'esclave, a tant de choses à dire à son fils sur la nécessaire liberté de l'homme, et sur la responsabilité des gouvernants. Elle souhaiterait tant faire en sorte que ce petit, devenu adulte, ne succombe aux dieux du moment. Elle ne sait comment l'aider à emplir son âme pour ancrer son corps et son esprit où qu'il aille.

Le père cherche à deviner ce qu'il peut confier d'essentiel à son plus jeune fils avant qu'il ne le perde. L'homme doit savoir d'où il vient pour mieux décider où il va. Il a reçu, il lui faudra redonner. Il a été accueilli dans le cœur d'une princesse qui l'a aimé, étranger vulnérable et fils d'ouvrier. L'amour gît en chacun, il peut supplanter l'indifférence. Ce futur adulte devra assumer son histoire familiale et la dépasser, reconnaître ses origines simples, apprendre l'humilité et se conduire comme un prince. La véritable aristocratie est celle du cœur.

Il ne sera pas leur bâton de vieillesse. Il leur faudra renoncer à leurs projets pour lui, et l'aider à se tenir debout seul. Pour l'instant, chaque jour ils l'entourent de tendresse et de respect pour mieux l'ouvrir à la vie. L'enfant participe au quotidien dans les rues et développe petit à petit une certaine intelligence de l'existence, côtoie la vieillesse, la mort et les naissances, les rires et l'impuissance.

Lorsque ses parents reviennent des chantiers, ils apaisent leur cœur d'une légende que les anciens racontent à la veillée. Ils savent d'où ils viennent et qu'une terre leur fut promise. Ils ont un projet. Chacun a besoin d'espérer.

Les premiers apprentissages du futur leader

L'enfant, en grandissant, se risque aux abords des chantiers. Il s'approche aussi des palais. La princesse l'a-t-elle oublié ? De retour chez lui, il demande souvent à son père de lui répéter ce conte fantastique des origines. Ébloui, il croit qu'avant même que la créature naisse dans le monde, l'univers a été préparé pour elle. Il aime cette histoire dont il peut se souvenir de tous les mots et dont certains lui semblent magiques : « Que la lumière soit. » En prenant de l'âge, le futur adolescent récite des passages de cette légende inquiétante et pleine de merveilleux : « Faisons l'Homme à notre image, à notre ressemblance. »

Il avait dit « l'Homme » : archétype du semblable et de l'autre, insaisissable altérité. Le Créateur avait donc eu besoin de proximité et d'un être avec qui dialoguer. La parole serait sacrée et civilisatrice. Parcourant les rues, l'adolescent croit le rencontrer en un vieillard irradiant de sagesse, s'amuse à le chercher dans les nuages ou dans les yeux d'un bambin. Il répète : « Des êtres animés selon leur espèce », et il pense qu'il habite aussi le cœur des humains, et que chaque espèce a son projet, et que tous concourent au mystère.

La vérité humaine est masculine et féminine, disent les sages au jeune adolescent, car il avait été écrit : « Il n'est pas bon que l'homme soit isolé ; je lui ferai une aide digne de lui. » La créature humaine non plus ne peut rester dans la solitude ni dans l'absence d'intimité. Pour vivre sa complétude, chacun a à rencontrer l'autre aspect de lui-même. Un être sans investissement affectif autre que lui ne peut devenir une personne. L'homme ne peut être par lui-même, et femmes et hommes si différents sont appelés à faire l'unité en eux, à intégrer force et compassion. L'homme peut s'autoriser à explorer sa sensibilité, et la femme sa puissance. La complétude implique l'acceptation de ces deux réalités en soi. La dignité passe par la synergie de ces deux regards sur une réalité plurielle, et dans la rencontre profane, le souffle divin.

Il se souvient aussi d'Adam et d'Ève, premiers êtres qui voulurent un jour tout savoir et tout connaître, et peut-être même devenir immortels. L'adolescent ne comprend pas pourquoi il n'est pas bon que l'homme sache tout, contrôle et comprenne tout et vive éternellement. Et les explications de son père sur l'arbre de la connaissance, sur la dérive totalitaire, sur l'absence de repères et sur la démesure de la volonté humaine de tout connaître, « de naître avec Dieu », symbole du désir de puissance absolue des hommes, de leur volonté d'être des surhommes sans se préoccuper de savoir-être, le laissent songeur.

Qu'est-ce qu'être responsable, et pourquoi cette question primordiale, cette interrogation qui trouble l'esprit : « Où es-tu ? » L'homme doit répondre du lieu intime où il réside, se souvenir qu'il est à la fois poussière et potentiel, répond son père. Responsable de ce qu'il dit et nomme, comme de ses silences. Responsable de ce qu'il agit comme de ce qu'il refrène. Chacun est interpellable à tout moment et ne peut se dérober. En tous lieux il demeure dans un face-à-face, avec sa conscience, avec le sens de son existence, il doit en tout temps répondre : « Me voici. » Sans se rendre vraiment compte de la force de sa question, chaque fois qu'il rencontre un autre être, le jeune s'enquiert inlassablement : « Où es-tu ? Pourquoi ? »

À l'inverse des adultes, l'enfant sait qu'il ignore beaucoup de choses. La question du sens demeure longtemps celle des innocents.

Ayant commencé le voyage intérieur, il ne peut retourner en arrière. Lui qui courait dans les chantiers, marche maintenant plus lentement. Une certaine gravité l'accompagne. C'était tellement plus drôle d'être libre, sans loi, dans le flou de l'enfance. Il se souvient qu'au début : « Dieu... opéra une séparation entre les eaux... »

S'il apprend à lire au-delà des apparences, à distinguer entre les niveaux du réel et de l'intangible, et en même temps se confronte à la puissance de transformation de chaque élément, l'être lève les voiles de l'ignorance. Il apprend le geste juste qui sépare et identifie, celui qui extrait de la confusion, qui construit l'identité et la recrée. Lui ressembler, donner une direction, cela suppose d'aiguiser ses facultés, de discerner entre lumière et ténèbres pour éviter que les yeux et le cœur ne s'obscurcissent.

Pourtant, cette affirmation troublante : « Les conceptions du cœur de l'homme sont mauvaises dès son enfance. » La perfection n'existe donc pas. Nul ne peut la revendiquer, y aspirer, car il se croirait au-dessus des autres hommes. À part Pharaon semble-t-il, chacun est appelé à se mettre sur une voie d'amélioration. L'homme n'est ni tout bon ni tout mauvais et capable du meilleur comme du pire. Chacun est à la fois Caïn et Abel. Éternelle ambivalence, paradoxes et oppositions. Le défi humain est pour chacun de se révéler meilleur que lui-même.

De toutes les paroles entendues, le jeune adolescent préfère celle qui annonce que le temps de chaque être est sacré, équivalent pour le puissant comme pour le pauvre, pour les chefs comme pour les esclaves. Nécessaire liberté à la fois physique et intérieure des travailleurs. Chacun, dirigeant, ouvrier et étranger, doit se souvenir un jour par semaine qu'il n'appartient qu'à son âme. Le travail n'a de sens que s'il participe à une œuvre commune.

Or, au pays de l'homme de pouvoir, le futur dirigeant a déjà vu beaucoup d'indifférence dans les yeux des maîtres de corvée. Souvent de l'arrogance et du mépris. Ils ne savent pas que nul ne peut rester dans le néant de l'indifférencié, que chacun est convié à fertiliser la vie. Le but du travail n'est pas de construire des pyramides pour les plus forts. La vie humaine n'est pas instrument des puissants. Il existerait une personne, dans cet univers créé pour elle. Il sent confusément que cela implique de nombreux devoirs et peu de droits. Un jour quand il sera prince égyptien, il s'en souviendra.

Pouvoir :
lutte pour les places, besoin de valorisation

Depuis quelque temps, les soirs de grande chaleur, sous les étoiles bleues, il s'assoit en face des anciens qui racontent son histoire à cette communauté à laquelle se joignent quelques travailleurs étrangers attirés par ces légendes. Comme tous, il est toujours effrayé par ce récit : «... Caïn se jeta sur Abel, son frère, et le tua. »

L'amour de soi peut ainsi l'emporter sur tous les liens et envahir l'espace. Confusion. Impossible rencontre de celui qui cherche une distinction éperdue. Suprématie de la violence qui écrase sur la parole qui fait place à l'autre et lui reconnaît une identité propre. Premier meurtre de l'humanité pour ravir la première place dans le cœur de ceux qu'il aime. Même les frères ont de la difficulté à se créer un lieu où chacun peut coexister.

« Où est Abel ton frère ?... Suis-je le gardien de mon frère ? » Deux interrogations auxquelles nul ne peut se soustraire. Dès qu'il y a conscience, l'homme doit répondre du lieu où il gîte, et de l'espace intérieur qu'autrui habite. Le futur prince apprend que chacun est responsable de soi et de son interaction avec son semblable.

Caïn ou l'incapacité à créer un espace relationnel vivant. Symbole de l'impossible altérité, il représente celui qui a l'instant pour horizon existentiel et la satisfaction de ses pulsions pour but. Les Caïn de la terre sont désespérément épris de valorisation. Ils incarnent les

Pouvoir ou leadership ?

quatre premiers pièges où tombe l'homme de pouvoir : revanche, jalousie, convoitise et envie, pièges tendus par le désir éperdu du regard de l'autre sur soi, qui fait roi. La valorisation est au cœur des rapports humains. En son absence, s'éveille notre capacité à détruire. La créature est complexe, entre dynamique destructrice et génératrice de vie. L'exil est temps de la reconstruction de l'identité. Recul fécond pour apprendre les principes de vie dans un groupe, à sortir vainqueur de ses chaînes intérieures.

Genèse d'un leadership de contribution

Depuis des mois, le futur dirigeant regarde plus attentivement autour de lui. La princesse égyptienne s'étant enquise de lui à plusieurs reprises, il faut bientôt se quitter. Les compagnons de peine et de destin, et ceux qui l'envient comme ceux à qui il manquera, se rapprochent de sa demeure. Ce soir est différent entre tous les soirs. Quel vide laissera l'enfant de la question fondamentale.

Il n'a pour bagages et pour repères que son histoire, quelques héros de sa lignée et le respect dont il a été entouré. L'ancrage est dans le cœur et la mémoire. Il écoute pensivement toute la nuit. Les plus sages réinterprètent certains événements. Le futur gestionnaire entend que la lecture du sens est multiple. C'est vraiment difficile d'atteindre la maturité affective, de comprendre les autres à travers leurs filtres et leurs réalités, leurs visions du monde. Autrui est donc si différent, et si semblable. Il lui faut maintenant partir et il ne sait que leur dire, ni ce qui lui reste à faire. Lui aussi un jour, transmettra ce qu'il aura appris et il entretiendra les chefs de corvée de tolérance et d'ouverture du cœur.

Ainsi le futur prince gouverneur a grandi entouré de l'affection des trois femmes qui l'auront porté, l'une dans son ventre et sur sa gorge, la deuxième sur la rive du fleuve et de la transformation, la troisième dans la splendeur de son palais et de son intériorité. Aimé comme il l'est, le jeune adolescent a évolué dans la croyance de son entourage en son potentiel, en ses capacités à diriger. Il se sent investi de la confiance placée en lui par sa famille élargie, les travailleurs et les anciens. Il développe le désir de mériter cette estime. Il n'est pas en quête éperdue d'une position qui le réhabilite. Il existe. Comblé, il peut vivre sans jalousie et être généreux.

Son espace intime est le miroir gratifiant que lui reflètent ces femmes. Il reconnaît la puissance de l'accueil. Conscientes de la responsabilité qui lui échoit, elles lui offrent un regard juste sur ses forces et ses vulnérabilités. Elles lui font une place réelle dans leurs cœurs. Ainsi se construit dès la jeunesse un leadership de contribution.

Bien qu'éduqué comme un futur souverain, le jeune homme se souvient parfois qu'il est un membre de ce groupe d'ouvriers en exil qui, depuis quatre cents ans, a pour projet une société nouvelle. Il a intégré dans son corps que toute traversée est intérieure et faite de mues successives. Conscient des opportunités qui se sont présentées sur sa route, il veut se préparer à ses futures responsabilités. Chaque jour, il apprend les bonnes pratiques de gestion d'une province, éprouvées par plusieurs générations pharaoniques. Curieux, avide de connaissances, il étudie aussi toutes les sciences offertes au titre de son statut de prince et de gouverneur.

Le futur leader comprend davantage que plus on est à la tête d'autres hommes et plus on a de pouvoir, mais son histoire lui dit que chacun doit en tout temps répondre aux quatre questions : « D'où viens-tu ? Où vas-tu ? Où es-tu ? Qu'as-tu fait ? » Un jour il faudra répondre aux deux autres questions, aussi importantes : le pourquoi et le comment.

Naissance d'un paradigme du travail

À tous moments les bruits de la ville montent jusqu'au palais où s'affairent les artisans talonnés par les contremaîtres. Les maîtres de corvée sont sans pitié ; les êtres ne sont que bras pour l'administration en place. Ceux qui sont au sommet jouissent de nombreuses prérogatives. Leur regard est lointain, ils n'ont d'yeux que pour l'homme de pouvoir et pour leurs pairs. Pour eux le travailleur n'est pas un sujet.

Les ouvriers eux-mêmes baissent les yeux, espérant qu'ils ne seront pas l'objet du courroux et du mépris des chefs. Ils n'ont aucun privilège. Les droits sont réservés à ceux qui détiennent le statut. Les « ouvriers étrangers de Pharaon… engagés à tirer les pierres vers le pylône du palais… et bien d'autres monuments », connaissent l'effort physique au quotidien, mais c'est la souffrance de l'humiliation qui brûle leur cœur. Impossible indifférence. Le futur gouverneur les entend chacun dans sa langue qu'il commence à bien comprendre. Ils sont là sous ses yeux. Vieux et jeunes sont sans espoir et sans avenir. Le pouvoir absolu a aliéné jusqu'à leur notion de la durée. Le temps qu'il faut pour former une brique a supplanté celui des générations. Le servage les a démunis de leur historicité.

Le rendement est devenu la mesure de l'homme, celui-ci est évalué à sa seule production. La tâche l'emporte sur le projet. La productivité a occulté la notion de transcendance. Les organes préhensiles ont remplacé le cœur et l'intelligence. Pouvoir des uns sur l'impuissance des autres. Conditionnement élitiste pour certains, réducteur pour la majorité. Deux empreintes apparemment inéluctables. Il se rend compte qu'il n'y a aucune reconnaissance de la contribution à l'œuvre gigantesque vouée au culte d'un seul. Alors ce soir, plus que les autres nuits où il rentre excité de ce qu'il apprend dans la bibliothèque, le jeune adulte se souvient de cette dernière nuit chez ses parents. N'avaient-ils pas évoqué le futur de l'homme ?

Le travail est porteur de sens et le temps créateur de civilisation

Pour le futur gouverneur, chaque être peut s'épanouir à travers son apport quotidien à l'œuvre commune. Le sens du travail, comme celui de l'apprentissage relationnel, est lié aux valeurs traditionnellement féminines : faire grandir et accompagner. La personne fut établie, lui avait dit son père, «... dans le jardin d'Éden pour le cultiver et le soigner». La créature humaine se réaliserait au travers d'une double exigence ; elle est appelée à fertiliser et à aimer.

Le jeune adulte apprend que chacun doit à la fois être une valeur ajoutée et optimiser la ressource confiée, qu'il existe une éthique du travail, de la même manière qu'il existe une éthique de l'environnement. Chacun est responsable de prendre soin de la nature qui participe à la vie. Deux éthiques individuelles qui ne peuvent être confiées aux plus puissants ni aux gouvernements. Nul ne peut se délester de sa responsabilité envers lui-même, autrui, son travail, son environnement.

Ainsi, puissants et pauvres ont à s'accomplir dans une mission : valoriser et prendre soin, développer. À travers sa contribution à l'œuvre, chacun est le catalyseur de tous les possibles. Le travail consacre la dignité, il est un lieu et un moyen de la transcendance humaine, se dit le futur prince. Chaque œuvre, témoignage de l'humanité. Toute action est flèche vers le futur, et les hommes « bâtisseurs du temps ».

L'action construit l'éternité. Aussi le futur prince gouverneur est à l'aise avec cette nouvelle alliance : « Sois irréprochable et je maintiendrai mon alliance avec toi. » Le temps est celui de l'apprentissage éthique, parcours pour bâtir un destin commun, garant de la mémoire et du lien. Toute alliance engage les partenaires, elle est cette phase terminale de l'interdépendance qui permet la responsabilité et le leadership.

L'instant présent construit le monde en même temps qu'il construit la personne. Le temps cosmique est celui du processus d'évolution, marche de l'être en action. Le devenir s'actualise dans un présent vecteur de direction et de sens.

Il prend maintenant conscience de l'émergence de la troisième dimension. L'homme agit dans un espace-temps-sens où s'inscrivent les conséquences immédiates et futures des gestes personnels et des choix collectifs. Or il constate que sous Pharaon, dans les carrières éventrées, les travailleurs passent une vie à lui bâtir des pyramides, des stèles et des colosses. Le temps n'existe pas pour eux, alors qu'il n'a pas d'antériorité pour l'homme de pouvoir. En effet, celui qui représente la suprême autorité « … date la naissance du pays du jour de son propre accès au trône ». Perplexité : les hommes de pouvoir ont donc pouvoir sur le temps humain. Ils dictent aux ouvriers où cantonner leur conscience et leur action. Injustice, iniquités ?

Le pouvoir craint la capacité humaine à se transcender dans l'universel, pense le futur gouverneur. Il définit les aires d'assujettissement. Il crée chez les subordonnés les peurs et les craintes, les scepticismes, les tabous, les œillères et les croyances. Le futur dirigeant aimerait tellement leur faire prendre conscience qu'ils peuvent émerger d'eux-mêmes et sortir des prisons d'Égypte.

L'irréprochabilité, premier critère du leadership

Futur chef, il observe son environnement, y puise des enseignements pour mieux contribuer. Comme tout être qui se construit et dirigera un jour d'autres hommes, il identifie ses héros, cherche ses modèles. Il songe au grand prêtre pour sa connaissance de l'intangible, aux courtisans pour leur habileté politique, aux maîtres de corvée pour leur capacité à maintenir l'ordre, aux architectes et artisans pour leur créativité, à Pharaon pour son charisme et l'excellence de sa gestion, aux princes ennemis pour leur courage, aux patriarches pour leur découverte de la conscience et parce qu'ils indiquent le chemin qui permet de sortir de soi. Ses ancêtres sont morts mais ils parlent parfois à ce qui, au plus profond de lui, l'ennoblit quand il prend une décision difficile.

Il se souvient que déjà, avec Noé, l'irréprochabilité constituait le premier critère de leadership. Il ne s'agit pas d'être le meilleur, mais de se mesurer à soi. L'exemplarité est une valeur attendue des chefs. Le comportement éthique des futurs dirigeants doit être reconnu par tous. La gestion par l'exemple est le fait des grands hommes. La performance individuelle doit donc être attestée par l'ensemble des interlocuteurs. Même mode de décision en ce qui concerne le recrutement des futurs chefs, tout comme leur récompense. Celui qui s'efforce d'être cohérent mérite de sortir de l'anonymat et de servir de modèle, se dit le futur gestionnaire. Ni favoritisme, ni statut, ni rang, ni éducation : l'intégrité l'emporte sur toutes les autres dimensions dans le choix des hommes.

Pourtant les dignitaires qui gravitent autour des hommes de pouvoir y sont rarement parvenus grâce au mérite reconnu par tous. Bien sûr les plus puissants savent généralement bien s'entourer de ceux qui peuvent les aider à atteindre leurs objectifs, comme de ceux qui les adulent pour le regard qu'ils posent sur eux. Mais ceux qui n'ont pas droit aux honneurs ni à une rétribution digne, tremblent et se terrent.

Premiers défis de leadership

Depuis qu'il vit au quotidien le culte voué à l'autorité souveraine, le futur gouverneur constate que les hommes de pouvoir sont démunis malgré les apparences du faste dont ils s'entourent et s'étourdissent. Parfois ceux qui sont censés éclairer les autres ont du mal à accepter leur humanité. Être dirigeant demande du courage, comme Abraham riche berger appelé à être chef d'une multitude, qui avait entendu sa mission. Il lui fallait « s'éloigner de son pays, de son lieu natal et de la maison paternelle, et aller au pays qui lui sera indiqué ».

Pouvoir ou leadership ?

Les leaders doivent donc lâcher prise sur leurs possessions tangibles. Quitter le *statu quo* de l'enfance et sortir de la socialisation qui exige, moule et dit quoi et comment penser. Il leur faut quitter aussi leur lieu de travail, leurs façons de faire, leurs routines, leur statut. S'éloigner de leurs pairs et des situations de rentes acquises. Développer l'humilité pour recommencer ailleurs, acquérir la persévérance nécessaire, et gagner leur crédibilité auprès d'étrangers. Se créer un espace là où ils ne sont pas attendus ni désirés. Gagner le respect qui vient de leurs propres efforts, pour co-construire.

Il leur faut donc rompre les liens profonds pour aller vers un ailleurs vraiment autre, vers un soi plus fécond permettant de rencontrer la différence, pour mieux guider. Pas seulement : « Va vers toi », mais : « Rencontre et accompagne ». Être perméable à la diversité pour s'ouvrir à la richesse des sentiments. Celui qui va vers lui abolit les frontières qui le séparent d'autrui, et se fertilise.

Les leaders auraient donc, pour mieux accompagner d'autres êtres, à briser les chaînes de leurs trois prisons secrètes : culture, travail et famille. Couper le cordon, mourir à leurs schémas et projets sur nous et pour nous, se libérer de leurs attentes et se délester du poids de leurs moules. « Briser le projet des parents pour avoir son propre projet, pour être leader de son projet et de celui des autres. L'itinéraire des leaders passe par différentes étapes qui les font évoluer, de l'enfance dépendante du nid familial et culturel, à l'indépendance de l'adulte, pour entrer, étape ultime, à l'interdépendance du leadership. »

Chacun devra transformer son destin, transgénérationnel, culturel et familial. Trois deuils pour une renaissance. Celui qui deviendra mentor aura à se dégager des rails de sa culture, de ses interdits et tabous, à se libérer des injonctions et des crédos de tous les pouvoirs, à se déchaîner. Il faudra mourir aux geôliers des prisons d'amour ou de haine, se délester du poids de leurs messages, et émerger des « matrices ».

Le futur prince comprend que le chemin de croissance passe par la sortie des illusions et des schémas. Forte exigence d'aller vers le premier étranger : soi. Se délier pour être plus relié. La remise en question que suppose la rencontre avec l'étranger permet de prendre en compte autrui et de se redéfinir. Partir pour se réinventer, restaurer la dimension verticale et se mettre sur une dynamique de vie : se donner et donner naissance. Repenser ses limites pour s'ouvrir à d'autres facettes de soi et prendre enfin le risque de s'exposer, à la fois vulnérable et fort.

L'autonomie émotionnelle est donc le premier défi de leadership, se dit Moïse. Chaque porte fermée derrière soi ouvre au possible et demeure toujours rencontre avec soi. Chacun a un chemin intime à parcourir, des mers et des déserts à traverser. Les lieux géographiques modelant aussi les univers mentaux, les leaders sont nomades dans leurs têtes, et à travers la confrontation et la cohabitation, ils repensent leur vision du monde et leurs conceptions.

Les leaders opèrent parfois une rupture brutale, pour ouvrir de nouvelles voies. Les nomades ont pour bagages une mémoire du groupe et des aspirations essentielles.

Leur ancrage est interne, aussi ils s'alourdissent peu des possessions matérielles qui donnent l'illusion de la liberté et de la puissance. Ils savent que celles-ci sont intimes. Et que toute liberté rencontre autrui.

Contribution des femmes à l'équilibre des valeurs

Il se remémore cette histoire de Sara, première épouse d'Abraham, humiliée par le mépris témoigné par sa servante Agar première porteuse de la descendance abrahamique, et qui raconte au chef : « Je suis devenue méprisable à ses yeux. »

Le combat des places témoigne aussi de la souffrance de l'un et du mépris de l'autre, apprend le futur gouverneur.

De plus, la femme a donc vraiment pour rôle, entre autres, de sensibiliser l'homme aux sentiments intimes, à ces émotions qu'en général il croit devoir cacher, enfouir parfois jusqu'à croire les avoir oubliées. Elle est première altérité et complémentarité, regard autre sur l'humanité de l'homme. Sara s'insurge contre l'humiliation vécue et la confiance bafouée. Elle exige justice et détermination du chef trop empathique qui a beaucoup de difficulté à trancher, à sanctionner.

Ainsi les chefs ont à apprendre à gérer avec une certaine harmonie valeurs masculines et valeurs féminines. La gestion par des valeurs apparemment opposées ne se fait pas sans souffrance, exigeant un combat intérieur. Les femmes semblent jouer le rôle d'amener l'homme à apprendre ce qui lui reste à apprendre, à se réapproprier les émotions subtiles, et à les exprimer. L'équilibre de valeurs apparemment antagonistes est donc bien central dans la gestion.

Pour l'homme, grandir et être dans sa totalité, c'est aussi apprendre à se dégager de sa mère, et à dégager la mère de la sœur, de la femme et de l'étrangère. Sortir de la relation prisonnière à la mère pour rencontrer vraiment la femme. Et accepter pleinement, à travers leur rencontre, la partie féminine de tout un chacun pour expérimenter la palette des émotions humaines. Comme à agir avec force et puissance lorsque c'est nécessaire.

La femme aussi, à travers le vécu de Sara infertile, devra apprendre que mettre au monde un leader potentiel, passe par se tenir debout elle-même pour défendre des valeurs essentielles, pour féconder un autre être verticalisé.

Nécessaire cohérence de la hiérarchie

Même les plus puissants sont conviés à l'exemplarité, se dit le futur leader. Les écarts entre discours et comportements ne peuvent être tolérés chez ceux qui dirigent, quel que soit leur niveau hiérarchique. Abraham ne s'était-il pas permis de confronter Dieu sur sa décision de châtier Sodome ? Il l'avait ainsi questionné sur sa propre congruence, et demandé : « Anéantirais-tu d'un même coup, l'innocent avec le coupable... ? »

Pouvoir ou leadership ?

Les leaders sont repères pour l'action. Plus que tout autre, les plus puissants doivent sortir les hommes du flou, de la confusion des genres et des rôles. La confrontation engagée relève d'une question existentielle.

Le pouvoir peut être tenté de noyer la personne dans l'anonymat de la collectivité. La personne a des droits, dont celui d'être respectée dans sa spécificité et sa contribution propres. La difficulté à gérer une multitude ne peut servir de prétexte pour ne pas distinguer entre comportements individuels et comportements collectifs, toute sanction doit être pertinente et cohérente, apprend le futur dirigeant.

Plus que tout autre, la hiérarchie ne peut se dérober à sa responsabilité, se dit-il. La recherche de congruence et de sens est au centre de la motivation, et les vrais grands hommes introduisent l'interpellation et la confrontation des idées comme pratiques de management. Celui qui libère la parole et initie un dialogue doit être prêt à la remise en cause, à accepter la contestation de sa décision et à tolérer que celui à qui il parle se tienne debout comme un sujet qui réfléchit, demande des explications et a le devoir de questionner. À l'inverse des hommes de pouvoir, le leader ne se sent pas menacé par le dire et le silence d'autrui. S'il est un vrai « Je », il accepte la différence.

Or dans les chantiers, le futur gouverneur peut constater l'absence de tolérance. La parole vient d'en haut et ne remonte jamais. L'interaction et l'expression sont taboues : indifférence, fermeture des yeux et des émotions. Mais diriger c'est aussi rencontrer, écouter, entendre et répondre. Les vrais chefs enseignent par leurs attitudes plus que par leurs discours et leurs écrits. Éducateurs, leur rôle est d'être plus proches des hommes et de partager leur savoir, se dit-il.

Il observe aussi les pratiques de gestion bien établies depuis des dynasties. Il est impressionné par le niveau d'efficacité dans l'administration des hommes et des ressources. Mais il a du mal à entrer en résonance avec le style de management répandu autour de lui. Les ouvriers vivent des iniquités flagrantes : deux poids, deux mesures selon qu'on est au pouvoir ou exécutant.

Comme dans le récit des sages, Laban, chef de sa florissante exploitation, semble ignorer une pratique de management simple envers son neveu et employé : zéro-humiliation. Tout chef qui ne pratique pas le respect, humilie et exploite, ne mérite aucune loyauté. Les plus puissants sont toujours invités à l'exemplarité.

Mais l'éthique n'est pas inconditionnelle ni à sens unique, elle est un principe de réciprocité. Celui qui remplit ses devoirs doit aussi se tenir debout pour faire respecter ses droits. Justice et dignité des ouvriers, deux dimensions essentielles dans l'accompagnement des hommes, se dit le futur leader.

Favoriser l'équité est aussi la responsabilité des chefs. Nul n'a plus de droits que d'autres, et préférer équivaut à exclure. Les dirigeants savent que cette pratique managériale aliène ceux qui la subissent. Elle suscite la résurgence de la compétition interne et exacerbe les sentiments destructeurs. Les hommes souffrent du parti-pris et du rejet. Aussi l'histoire de Joseph, préféré par son

Pouvoir ou leadership ?

père, montre-t-elle que la jalousie de ses frères avait un vrai fondement, mais qu'un leader a à cœur l'intérêt commun et la pérennité comme critère ultime de décision.

L'évaluation à 360 degrés

Cet outil managérial, qui connaît une nouvelle vie en France, est vécu différemment selon sa philosophie, sa méthode et sa mise en application. Des échos divers nous parviennent sur la perception et le vécu de ces pratiques. Ainsi le directeur adjoint d'un monopole où le président désire avoir des « managers ressources humaines », nous confie qu'il ne s'est pas soumis à ce type d'évaluation individuelle car « c'est du terrorisme ».

D'autres l'ont pratiquée sur eux, et se sont même permis de convoquer leur équipe et de faire un retour global avec leurs collaborateurs (au grand dam de leur directeur des ressources humaines car une telle pratique ne respectait pas la procédure). En règle générale, ceux-ci avaient vu juste quant aux forces et aux faiblesses de leur manager, et leurs perceptions écrites étaient plutôt gentilles alors qu'il était inquiet à l'idée d'une évaluation. Cela avait également permis le défoulement de certains.

Généralement les usines adorent cet outil qui permet de passer des messages aux dirigeants, particulièrement aux « petits chefs », mais en même temps il a pour effet pervers de désigner des boucs émissaires. Les personnes préfèrent transformer cette pratique en évaluation de l'équipe, ce qui évite la remise en cause personnelle.

Dans les équipes de direction, le retour n'est pas toujours absolument authentique : parfois les questions sont fermées ou trop complexes, parce que les dirigeants ont peur de parler de leurs pairs et que leur tour viendra également. Cette démarche suppose généralement un bon niveau de collaboration dans une équipe déjà capable de se dire des choses constructives, donc qui en voit moins le besoin.

Toutefois la nécessité de donner l'exemple constitue le fondement de la démarche. Bien peu d'entreprises en font encore un outil généralisé. La valeur de cet outil réside, non pas dans la seule évaluation des forces et des faiblesses, mais dans un accompagnement individuel orienté vers la libération des potentiels et des forces entrevues, afin de capitaliser sur ceux-ci, et vers le décodage très fin des vulnérabilités de la personne concernée, afin de lui donner les moyens de sortir de ses prisons affectives et des conflits personnels qui engendrent ses dysfonctionnements organisationnels. Si le seul but est l'évaluation, cette pratique, comme tant d'autres, mourra dans la boîte à outils de l'entreprise.

L'expérience qui s'est avérée constructive est celle qui, à travers l'accompagnement des évolutions, commence par un audit identifiant l'ensemble des freins et des forces de l'entreprise, donnant une vision stratégique de tous les écarts critiques entre vision, objectifs et valeurs, et réalité perçue, et qui met les actions en cohérence entre elles pour parvenir à un état meilleur. Durant cet audit de préparation de l'avenir où un très grand nombre de personnes à tous niveaux est impliqué, émergent spontanément des commentaires sur certains dirigeants, cadres ou contremaîtres, soit parce que leurs comportements blessent et affectent le climat de travail, soit parce qu'ils sont de vrais leaders admirés. Cette évaluation, pour subjective et qualitative qu'elle soit – mais sommes-nous des êtres purement objectifs ? –, est l'émergence d'une mesure implicite basée sur le mérite perçu, et la reconnaissance collective de qui est un bon manager ou non.

Toutefois, il faut aller plus loin et valoriser les personnes dont le mérite est reconnu en partageant avec eux ces témoignages, ce qui a pour effet de ravir ces personnes à qui l'entreprise n'avait jamais donné un tel retour sur leur action et leur contribution à l'ancrage de la culture. Et le faire savoir à la direction.

En ce qui concerne les personnes dont les comportements vont à l'encontre de la synergie des intelligences, du respect et de la performance qualitative souhaitée, il est important durant ces entretiens de valider ces perceptions et de faire également émerger les qualités que ces personnes possèdent, de manière à leur retourner fidèlement l'image qu'elles émettent. C'est ensuite à travers un accompagnement personnalisé, valorisé par un discours positif de l'organisation sur l'investissement qui est ainsi fait sur elles, et qu'elles ne refusent jamais, qu'elles cheminent intérieurement et évoluent. Certaines sont, paraît-il, transformées.

CETTE ACTION favorise la complémentarité entre valeurs économiques et humaines, masculines et féminines, relationnelles. Elle vise la congruence entre ce qui est dit et ce qui est fait, l'exemplarité des leaders. Elle s'inscrit dans un processus d'optimisation des potentiels de l'entreprise et ne doit pas être vécue comme une mode, mais comme un vrai souci de cohérence des dirigeants, afin de préparer les hommes pour l'avenir.

3

Quête de sens

Nommé gouverneur, et exerçant au quotidien, Moïse développe une certaine maturité. Il étudie son environnement. Il est à la croisée de plusieurs visions du monde, celle dont il est héritier par sa naissance, celle de son éducation dans le palais où il partage les secrets de la puissance égyptienne, et celle du peuple qu'il peut voir dans tous les lieux de travail. Sa réflexion prend forme, il intègre sa rencontre avec ces cultures. Lentement il découvre leurs univers mentaux.

Souvent, il a essayé de comprendre le sens de sa naissance et réfléchi aux valeurs que ses ancêtres ont tenté de véhiculer. Leur histoire parle de la personne humaine et de la nécessaire éthique du leadership. Être homme, c'est aussi résister aux pièges relationnels de l'égocentrisme et d'une vision à court terme, aux pièges sous-jacents aux attitudes de préférence et d'exclusion. C'est tenter de dépasser les dualismes et faire l'unité intérieure.

L'homme de pouvoir, lui, a toutes les réponses. Il transforme et impose sa vérité. La lignée de Pharaon, non royale, remonte à son grand-père Pa-Ramessou qui était de la tribu des Seth. Or ce dernier, parvenu au faîte de la hiérarchie suprême par son intelligence et la qualité de son travail, «… avait fait substituer ses propres nom et prénom à ceux de son ancien maître… Il avait aussi ôté la particule Pa à son nom, jugée trop roturière, et souhaité égaler en splendeur, jusque dans sa tombe, le faste de ses prédécesseurs». Et son propre père, Séthi Ier, couronné à trente ans, s'acharnait dit-on à « surpasser les œuvres de ses prédécesseurs… » et à se construire « la tombe… la plus profonde et la plus somptueuse de toute la Vallée ».

Pharaon, par son sacre fastueux, devait « … faire oublier l'origine militaire de sa famille issue d'une zone frontalière à l'ethnie quasiment impure ». Pour l'homme de pouvoir, il est difficile d'intégrer les aspects positifs de sa lignée. Il ne valorise pas le travail et les efforts faits pour émerger, pas plus que les gens humbles. Aussi son ressentiment s'alimente-t-il de ce qu'il croit être les dimensions négatives de son origine. Et pourtant, né de personnes exceptionnelles et surdoué lui-même, malgré des parents et un royaume qui ne cessent de chanter ses louanges, il vit ses racines profondes comme une tare sociale, et se trouve confronté à son impuissance.

Trop aimé, déifié, enivré, Pharaon est aussi déjà « accompli » alors qu'il est encore enfant. Mais, vénéré par les courtisans, surprotégé par les dieux et par des parents ravis de sa précocité et qui se mirent en lui, le sur-homme ne peut mourir un instant à son statut et se découvrir semblable aux humains. L'homme de pouvoir a de la difficulté à rencontrer son humanité.

Pouvoir ou leadership ?

Crise existentielle du futur leader

Le futur leader se demande comment il peut concilier ce qu'il ressent, ce qu'il désire et ce qu'il observe de l'exercice du pouvoir. Il ne sait avec certitude si la vie est fortuite ; mais si elle est aléatoire, il veut lui donner un sens. À quels repères intérieurs se conformer, à quels univers mentaux aspirer ? Il a le choix entre ceux de son héritage et ceux de la culture ambiante. Ou peut-être doit-il intégrer et capitaliser sur les valeurs, les normes et systèmes de pensée qui sont les plus porteurs d'avenir à travers les deux cultures. Il sait que diriger implique de se responsabiliser. Mais de quelles conceptions de l'homme, du temps et du travail s'abreuver ? Devant l'infinie intelligence du monde, il se demande aussi de quel Dieu emplir son âme.

Conscience et mentor. Responsabilité relationnelle du leadership, ou liberté. Et peut-il y avoir liberté de l'un quand il y a souffrance de l'autre ? Peut-il aimer, celui qui ne s'aime pas ? L'amour est cet élan dans un face-à-face de deux sujets, de deux âmes moins endolories. Quand il s'est ouvert de nouveaux horizons, chacun peut alors éveiller autrui et le guider.

Gouverneur depuis plusieurs mois, il apprend beaucoup de choses d'un grand intérêt pendant qu'il siège avec les dignitaires ou qu'il assiste aux séances d'initiation. Mais le mystère demeure. Croire en cette voix qui dit que chacun est capable de s'améliorer, ou coloniser, accumuler et se glorifier ?

L'empire est intérieur, le reste vanité. Le cœur est un palais où je et autrui peuvent co-exister.

En parcourant les chantiers, il peut apercevoir « leurs yeux beaux comme des colombes qu'on voit sur l'eau des ruisseaux, qui ont été comme lavées dans du lait, et qui se tiennent le long d'un grand courant d'eaux ». Mais là-bas, dans des régions presque désertes, les dos des travailleurs sont ployés sous les dalles de granit. L'homme de pouvoir bâtit à sa gloire.

Au-delà du temps et de l'espace imposés par l'autorité suprême, existe le sens. Or « les temples n'étaient point érigés à l'usage des fidèles ». Le prince gouverneur pense que le travailleur, comme le plus puissant, éprouve aussi le besoin d'accéder à sa conscience élargie. Que le regard et la voix des plus modestes interrogent, comme ceux des plus grands. L'homme n'est plus homme s'il ferme ses yeux et son esprit, s'il se croit seul d'essence divine.

Moïse observe l'homme de pouvoir qui sait par ailleurs très bien s'entourer d'une cour loyale et compétente. Les rôles très spécifiques sont attribués. Aucun grain de sable n'est censé bloquer la mise en œuvre des plans. Au niveau de la direction du pays, les buts sont clairs : les « hauts fonctionnaires, amis de jeunesse » du maître, ont pour priorité l'accroissement des richesses, la rentabilité et la productivité.

De plus, chaque matin l'homme de pouvoir veut être au courant de tout ce qui affecte ses objectifs. Sous la coupe de son vizir, « les différentes catégories de ses innombrables fonctionnaires » se consacrent à son besoin

Pouvoir ou leadership ?

de planifier et de contrôler. Or, il ne s'agit pas uniquement d'administrer et de comptabiliser, mais de guider.

Les jours passent. Le prince gouverneur sent à nouveau la solitude des ouvriers, l'étranglement des voix dans les gorges. De plus en plus souvent il ressent leur désespoir. Il ne sait s'ils ont perdu l'intériorité des premiers porteurs de projet entrés en Égypte. Leur nuque est basse pour ramasser les briques et essuyer les coups, leur regard fuyant pour ne pas rencontrer l'œil du maître de corvée. Chosifiés. Dans les campements, il voit leurs yeux s'éteindre.

L'homme de pouvoir se soucie peu de la dignité de ceux qu'il assujettit. Il les domine de toute sa suffisance, il les vide de leur substance. Acculturés, impuissants, exclus. Le champion de l'exclusion est celui qui cherche partout à se faire la plus grande place. Il ne peut désaliéner car il est lui-même aliéné. Ils ne seront jamais libérés de leur servitude, se dit alors le futur leader.

Ce voyage intérieur a commencé bien avant ce jour où, au détour d'une ruelle, celui qui rêve de justice humaine et d'équité, de respect et de dignité, se met du côté de l'ouvrier frappé par un chef égyptien. Qui ne réagit, acquiesce. Alors « témoin de sévères punitions qu'un contremaître inflige à l'un de ses compatriotes… », il s'emporte et frappe l'attaquant, à mort.

Horreur du geste dans toute sa justesse. Un instant, son bras levé est le premier mouvement pour exiger la dignité d'un autre. Empêcher l'humiliation de celui qui n'a pas le droit de se défendre, qui ne le conçoit même pas. Le premier pas pour le respect d'autrui commence par un acte de rupture irréversible.

Chaque homme porte un pharaon en lui. Violence au nom de la justice. Pouvoir absolu de celui qui croit détenir la vérité et l'érige comme critère de décision pour l'action. Le prince gouverneur est bouleversé. Son acte ne peut être compris, ni même de lui en ce moment. Honte, peur. Fuite vers Madian. Réorienter son destin. Le meurtre, de la victime ou du bourreau, est toujours meurtre du frère. La vie humaine a même poids. Ce geste qui se voulait justice sera sanctionné. Il lui vaudra de ne pas entrer en terre de Canaan. Pour devenir leader, le prince égyptien doit se désaliéner de ses mythologies, du culte voué à la valeur unique comme seul référent à l'action.

Pouvoir : maladie relationnelle. Premier meurtre par Caïn : combat pour la première place au sein de la famille. Deuxième meurtre par Moïse : combat pour faire une place à autrui dans la société. Meurtre du frère, meurtre de l'étranger. Violence identitaire qui l'emporte sur la parole, le dialogue et la reconnaissance.

Ce premier mouvement de Moïse nous révèle sa crise existentielle. Elle exigera de lui un premier exil : celui qui le mènera à la remise en question.

Le futur leader devra créer un schisme avec son environnement, ses mythes et ses rituels. Chaque événement, fût-il le plus grave, est formateur. Retour à la conscience et apprentissage intérieur de la capacité d'être frère. La première traversée du désert est d'abord individuelle, elle suscitera l'élaboration d'une éthique universelle et la naissance d'un leader.

La traversée du désert intime

L'ermite prend sa route en terre étrangère. Il n'est de lieu stérile que celui de l'âme qui a perdu espoir. Il aimerait se donner un second souffle pour connaître des aurores et un futur qui ne soit pas médiocrité. Apprendre à se reconstruire, trouver les paroles, comprendre les fondements qui uniraient tous les hommes. Il aspire à développer les qualités qui permettent un autre regard, d'autres gestes qui ennoblissent.

Maintenant il lui faut quitter ses prisons affectives et mentales pour vivre plus conscient, plus lucide. Il souhaite redonner du sens à sa vie. Il aura à renoncer au statut qui engendre le pouvoir, aux apparences qui emprisonnent. Reprendre possession de qui il est, et des désillusions extraire le désir. Tous appelés à transformer l'aliénation en liberté, à réparer. Celui qui se veut homme n'a d'autre choix que d'être plus grand que ses enfermements stérilisants. Pour exister et faire exister avant que de mourir.

Le futur leader renonce à son titre et à ses privilèges de prince gouverneur. Il se réfugie dans le pays du silence. Sa rencontre avec cet espace lui permet au fil des ans d'atteindre une conviction, de mûrir un projet et de faire évoluer ses représentations pour réussir la transformation dont il pressent la portée universelle. Il aimerait se rencontrer vraiment, faire les deuils nécessaires dans l'isolement. Se réinventer. Il aspire à rencontrer en lui l'inconnu intime, et faire place à un moi fertile, pour un jour faire vraiment place à l'autre.

Ce premier parcours est celui de la quête de sens. Recherche constante et mise à distance. Chemin vers soi et remise en cause. Il sait qu'il ne peut échapper à sa conscience. Cette longue marche sous le soleil et les nuits témoigne de l'intemporel. À Thèbes, il avait tout appris sur les étoiles, sauf qu'elles brillaient pour tous, étrangers et semblables. Rassemblant son troupeau sous la multitude des astres et sur les chemins poussiéreux, il pense au rapprochement des êtres.

Lorsqu'il revient de ses voyages il s'entretient avec Jethro, prêtre de Madian et beau-père, devenu son mentor. Il dialogue avec ce dernier et débat de ce qui le préoccupe. Il essaie de déchiffrer le tumulte en son cœur, il traverse les labyrinthes de son âme et de ses motivations. Capable des plus grandes contradictions, chacun est prisonnier de ses dogmes et ses croyances. Chaque culture et chaque histoire sont porteuses de paradigmes de vie ou mortifères. Et en même temps, chaque homme est habité par une force intérieure.

Le futur leader songe, se dit parfois que la voie responsable est difficile, semée de doutes et d'interrogations, alors que le pouvoir donne accès à une totale liberté. Il met celui qui le possède au-dessus de tout, le rassure, séduit et fascine.

Son mentor lui montre alors qu'il y a plusieurs codes de lecture et qu'il existe un au-delà du réel. Que, sous-jacent à ce qui est dit et à ce qui est fait, quelque chose d'autre tente de se dire et d'exister. Qu'il lui faut voir en deçà des attributs et des signes matériels.

Pouvoir ou leadership ?

L'homme de pouvoir n'est pas un homme libre, lui répond Jethro, il s'enivre d'extériorité. Seul est libre celui au « cœur circoncis » qui ôte peu à peu ses chaînes de peur, d'amour, de revanche, et sort de soi pour rencontrer autrui. Pharaon ne rêve que de supériorité. Insatiable, il veut acquérir les hommes et les possessions qui lui permettront d'étendre son emprise. Sur les terres gagnées et le Nil, partout ses pavillons portent ses couleurs. Tu verras, l'autorité pharaonique régnera à nouveau sur Ouaouat et Koush, animée par la revanche sur les envahisseurs, sur tous les prétendants à un espace commercial et géographique. L'homme de pouvoir a peu de repères intérieurs, aussi marque-t-il sa place et son territoire.

Il définit aussi le temps humain, tu l'as vu. Chaque niveau hiérarchique vit un temps différent. Pour les carriers et tailleurs, le temps est celui nécessaire pour fabriquer une pierre. Pour les artistes, une fresque. Pour Pharaon, l'éternité. Il veut défier les hommes et l'univers car il se sent impuissant à comprendre le mystère.

Tu sais, l'homme de pouvoir n'est pas un homme libre, il est inquiet, jamais au repos. Il ne tolère pas le flou, l'incertitude, le désordre. Il a l'œil sur tout pour assurer l'âge d'or de son règne. Il ne laisse rien au hasard. Il verrouille les systèmes qui lui permettront la maîtrise de tout élément. Il a la mainmise sur « le contrôle des ressources rares et des systèmes de filières et des moyens de communication qui sont des sources du pouvoir ». Il dort peu, toujours préoccupé à échafauder des plans, s'imaginant qu'il sera attaqué. Il gère par la méfiance. La confiance en l'homme est rare, même dans la même fratrie et les cercles rapprochés où la consanguinité règne.

Il sait que la structure asservit. Aussi est-il au sommet d'une hiérarchie qui a pour but de renforcer sa suprématie. Il a su capitaliser sur la gestion rigoureuse de ses possessions, il importe les savoir-faire, réquisitionne les talents.

Il excelle dans l'administration des hommes. Même absent, tu le sais, il demeure présent, relayé par la structure complexe commandée par lui. Il ne délègue pas la prise de décision aux gouverneurs, vizirs et vice-rois. Il délègue le contrôle. Il ne tolère pas la puissance des autres.

L'homme de pouvoir recrute dans ses cercles rapprochés. Généreux avec cette cour à sa solde, à la pensée identique à la sienne, il éprouve de la puissance à distribuer les privilèges, à récompenser ceux de sa garde qui lui ont fait atteindre ses buts, à les couvrir de « lourds colliers... d'or ». Il se les attache ainsi plus sûrement en valorisant ceux qui le protègent et l'encensent. Il jouit de voir le monde à ses pieds. Par crainte de son courroux, et pour être apprécié par lui, chaque chef rivalise et pousse ses ouvriers à améliorer leur production.

Tu vois l'énergie colossale déployée par des milliers de personnes pour gérer les grands travaux prestigieux destinés à le glorifier. Est-il libre, celui qui est prisonnier de son image et de ses illusions ?

Souviens-toi, dit le mentor, l'homme de pouvoir cloisonne et compartimente. Il craint de mettre les hommes ensemble. Il a peur de leurs rêves, de leurs aspirations. Il divise les rôles, les fonctions, les tâches pour plus de productivité et pour améliorer son organisation et son efficacité. Il sait que la pyramide induit une culture de crainte et de respect. Les chefs de corvée sont recrutés pour leur dureté. Dans les forteresses aux murs épais, les scribes comptabilisent de la même manière les hommes et les ressources : en nombre de fioles d'onguents, d'ânes, de serviteurs, d'ouvriers et de carrières. Et dans ce climat, « chacun consent au pouvoir... et les objectifs sont intériorisés ».

Dans ce système où l'autorité suprême est immuable, aucune alternative n'est possible aux travailleurs. Soumission aux chefs, aux règles et aux procédures, aucune négociation ne peut être tolérée. Il les moule, les forme à l'obéissance et les gère par la peur.

L'homme de pouvoir gère par la distance hiérarchique et est indifférent. Chaque strate quête la reconnaissance du niveau supérieur et son regard. Il ne peut pas se permettre d'être à l'écoute d'autrui. N'entendant que les acclamations, il est sourd à la demande de dignité et de reconnaissance des travailleurs. Ses semblables sont dans l'indifférencié. L'homme de pouvoir ne regarde pas les visages, ni les yeux qui peuvent interpeller son âme. L'objectif de productivité l'emporte sur toute considération.

Contrairement à ce que tu pourrais croire, n'est pas libre ni fort celui qui se permet le défoulement de violences dont les ravages sont intérieurs. N'est pas libre ni fort celui qui humilie et méprise.

Comme un enfant, il délire. Il éprouve du bonheur à foncer « vers les citadelles à châtier », à faire mordre la poussière à ses ennemis et à les traîner devant tous. Oui il revient acclamé et vainqueur, chargé de trésors qui font rêver ceux qui ne possèdent rien, il trône sous le dais et les voit tous s'incliner.

L'homme de pouvoir est souvent un esthète, vois-tu. Ses temples, espère-t-il, en témoigneront pour l'humanité. Il innove en architecture et en décoration. Il restaure les monuments qui raconteront sa gloire. Il revisite les œuvres d'art et les écrits de ses prédécesseurs.

Écoute. Il se raconte des histoires pour se convaincre de sa puissance. Chacune de ses vulnérabilités est niée et transformée en forces et en hauts faits. Il orchestre minutieusement sa propre propagande. Ses opérations de prestige seront embellies et fixées à jamais. Il a besoin de tangible pour afficher son autorité et se déclare intangible pour tromper la mort et les dieux. Obsédé par sa virilité, il fait ériger des colosses et des stèles qui défient de plus en plus le ciel. Chaque génération est en compétition avec la précédente jusque dans la construction de ses propres tombeaux.

Vois-tu, Moïse, les hommes de pouvoir ne vivent aucun répit, ils visent tous les sommets. Aucune réussite, aucune conquête, aucun plaisir n'apaisent leur âme en quête d'un trône où régner sur le monde. Plus seuls que les autres hommes, ils vivent dans les tours de l'arrogance et de la solitude. Les vainqueurs du moment ont un orgueil qui leur fait croire qu'ils peuvent tout enfermer dans leurs dogmes, leurs bastions. Vains savoirs s'ils ne s'ouvrent pas sur l'accomplissement collectif.

Que peut apprendre l'homme qui n'a d'autre référent que lui, qui fait sculpter sa famille en colosses qu'il domine, et omet d'ériger une statue à son « père pourtant vénéré » dont il veut surpasser l'œuvre ? Celui qui renie son père de chair, qui est en lutte pour la place avec son propre père, peut-il se respecter et respecter les autres, et leur créer un espace pour se dire ? Et sa mère ? Pharaon s'est employé avec une formidable « détermination... à gommer ses origines non seulement civiles, mais humaines ». Se réclamant Tout, l'homme de pouvoir non seulement est en revanche sur sa lignée, mais il est aussi en revanche sur son humanité.

Combien d'obélisques, de stèles et de pyramides dressées pour fendre le ciel pourront-ils réparer la souffrance des hommes de pouvoir, s'ils ne savent pas qu'ils souffrent ?

Quadruple et triste revanche. Sur la modeste naissance de son grand-père qui a gagné sa position par son travail et non de droit suprême comme Pharaon l'aurait souhaité. Sur sa condition de mortel. Sur son père qu'il veut supplanter et effacer par sa magnificence. Sur son propre corps et les normes esthétiques : « En effet, ceux qui dans l'Égypte ancienne, possédaient, par malchance, ce système pileux, évoquant la couleur des sables stériles et celle du pelage des animaux du désert, étaient considérés comme des êtres un peu diaboliques, des êtres typhoniens... On les nommait péjorativement les formes rousses... »

Tu sais, l'homme de pouvoir souffre malgré ses talents et ses capacités, malgré toutes ses réussites. Il souffre de n'être que lui-même, il souffre de l'impuissance humaine face à la vulnérabilité éternelle. Il ne voit pas que l'accession à sa propre impuissance ouvre à l'humilité et à la rencontre. Que la vulnérabilité devient force lorsqu'elle est reconnue et assumée. Nul ne peut apaiser l'âme du plus puissant ; son besoin de reconnaissance est infini.

Il lui est intolérable de vivre ce qui peut ternir son image. Il est là, « ... masquant les sources ». L'homme de pouvoir peut faire usage de faux pour nourrir son amour propre et assurer son éloge.

Il a souvent de la difficulté à valoriser les contributions de ces prédécesseurs, il lui est impossible de reconnaître la paternité des idées que la Reine Hatchepsout et Aménophis lui avaient inspirées. Il détruit le sanctuaire de celle-ci pour s'en approprier quelques colonnes. Il omet de faire figurer « ... les effigies de tous ceux qui ont régné jusqu'au temps de Ramsès ».

Ses réalisations grandioses ne le nourrissent pas. Rivalité constante. Quelles sont ses chances de pacifier ses sentiments ? Il ne peut gommer son histoire en accumulant les biens, les guerres et les victoires. Avide, puissant guerrier, courageux, il rêve de reconquérir la province syrienne, d'attaquer et de se venger, de faire trembler ses voisins. Mais chaque échec ravive la blessure. Qu'importe le prix payé par le plus grand nombre ?

L'homme de pouvoir ne peut donner vraiment quand il est lui-même tellement en attente de reconnaissance. Il ne peut entrer en résonance avec ceux qui ravivent sa meurtrissure première. Puissants ou pauvres, les êtres ont besoin de fierté et non d'orgueil. Fierté qui vient de l'acte accompli, reconnu par tous. Orgueil de celui qui se reconnaît au-delà de sa propre valeur.

Libre, crois-tu, celui qui martèle des stèles pour effacer ceux qui l'ont précédé et tente d'effacer leur mémoire ? Libre, celui qui s'insère à des époques où il n'aurait pu exister et qui prétend qu'avant lui, néant ? Celui pour qui l'origine du monde est pharaonique, celui qui est le projet et le but, qui est l'Histoire ?

Pouvoir ou leadership ?

L'homme de pouvoir peut acculturer les riches et les pauvres, et soumettre l'étranger à ses modes de pensée et à ses rites. Il redoute les individualités, la différence, les marginaux. Il ne connaît pas les partenariats féconds. Il ne peut souffrir que les hommes se parlent. Bannis les lieux de parole et le dialogue. Or, ceux-là sont vraies libertés. Il parle pour les hommes et écrit pour eux et sur eux. Seul ce qu'il dit et grave sur les monuments a droit de cité. Il détient le monopole de la communication. Les sans-parole ne peuvent se dire et encore moins rêver même un court instant. Il a fait croire aux ouvriers qu'ils sont nés pour du pain et un oignon. Il a investi leur mémoire.

De plus, l'homme de pouvoir ne peut concevoir de préparer sa relève. Accompagner les autres pour le remplacer, les faire grandir pour les autonomiser, ce serait faire le deuil de son immortalité. Il ne sait pas renoncer. Vois-tu, il attend depuis des temps immémoriaux que son père meure pour avoir sa place, même si celui-ci lui en fait une glorieuse à ses côtés. Quelle issue laisse à son successeur celui qui a tout réalisé, tout conquis, celui qui est Tout ? Il vit souvent dans son imaginaire. Comme un enfant, il veut abolir la mort. Et ce n'est pas assez. La seule place qu'il veuille, c'est la suprême.

L'homme de pouvoir est solitaire, vois-tu. Il s'étourdit de fêtes, de concubines et de musiciens et déguste les mets les plus rares. Mais lorsqu'il se retire, celui qui détient la puissance absolue est étrangement fragile. Comme chacun d'entre nous, une langueur intolérable l'envahit parfois. Il ne sait d'où elle vient. Son cœur brûle aussi, parfois des larmes montent à ses yeux. Il ne peut croire alors que l'univers lui appartient, qu'il ait un manque. Sur sa couche d'or et de soie, il fait des rêves sombres. Il ne peut imaginer qu'il est triste, que certains soirs il a peur. Il croit afficher au monde sa puissance et ne révèle que son impuissance. L'homme de pouvoir garde en son cœur un enfant triste qui s'agite.

Le mentor s'est tu depuis longtemps. Le futur leader ne sait que dire. Oui, les peurs et les revanches, les rêves peuvent aussi motiver l'action. Oui le pouvoir isole et aliène. Lui aussi un jour, il fut un homme tout puissant sur autrui. Un instant il a succombé au pouvoir du geste, avant tout dialogue.

Il voudrait dépasser la contingence quotidienne, l'absurdité. Il aimerait s'ouvrir à l'intelligence du monde. Dans le silence du désert, il peut entendre le bruit de fond de la création de l'univers. Passé, présent, futur, indissolubles et indissociables. Parfois il a ce sentiment d'une immanence. Tout être peut entrer en résonance avec l'essence des choses.

Il ne sait quel est son but, et le but de ce monde. S'il regarde l'infiniment petit ou l'infiniment grand, il semble que la vie partout ait un plan. Il se demande si l'homme peut nourrir véritablement son âme en ne servant que ses intérêts à court terme et ses pulsions premières. Quel est le sens du passage des hommes au pouvoir, sans leur aide au développement des personnes qu'ils dirigent ? La vision d'un avenir différent pour l'humanité germe en lui.

Le futur leader s'inspire des leçons de chaque événement. L'aliénation n'est pas une fatalité. Nous sommes tous prisonniers et chacun abrite en lui un loup et une colombe, se dit-il. Plus que tout autre, les chefs ont la capacité de faire accéder à l'autonomie et à la responsabilisation. Il discute avec son mentor du prix payé pour l'envie, la jalousie, le mépris et l'arrogance, la soif de pouvoir, la satisfaction des besoins immédiats, l'individualisme à outrance et les idéaux qui mènent à toute destruction. Les vraies prisons sont intimes, chacun peut quitter ses Égyptes intérieures.

Les leaders capitalisent sur les erreurs et les transforment.

Sa traversée du désert le mène à l'écoute d'autrui et à l'acceptation de sa différence, à tirer des enseignements du passé, car tout héritage est lourd de responsabilité. Il commence à avoir l'intuition de la cohérence nécessaire pour assurer la continuité et transmettre le sens du perpétuel. Parcours, solitude-formation. Il lui faudra déblayer ce qui ne permet plus d'aller de l'avant, conserver ce qui dans le passé a fait ses preuves.

Et co-construire.

Et continuer à débattre de ce qu'il pense, ressent et veut entreprendre avec son mentor. Il sait qu'il peut apprendre plus vite avec quelqu'un qui lui balise les points sombres par un questionnement pertinent, quelqu'un qui n'est pas pris émotionnellement dans les mêmes conflits, dont les représentations mentales diffèrent. Dans le silence du recueillement et de la lente intégration, il parle avec son mentor sur le but de la vie et de sa propre vie, le chemin de toute créature, de ses pulsions primitives au « Je » debout, à la conscience. Ils échangent sur l'homme dans ses dimensions intuitive, affective, rationnelle, spirituelle, sur sa dualité de corps et d'âme, sur ses pulsions et l'étincelle divine, sur cet être qui, seul de toute la nature, est appelé à se transformer et à transformer. Seul vivant dans l'univers qui s'interroge sur son projet de vie.

Parfois le futur leader ressort plus troublé de leur discussion, d'autres fois il touche à des moments de sérénité et son cœur brûle ensuite d'agir, de partager ce qu'il découvre.

L'homme est complexe et ne peut être réduit à un outil de production. Ce sont les fondements mêmes du rapport avec soi qui conditionnent le rapport chef-ouvriers et qui sont problématiques. Moïse sent bien que la conception du gouvernement des hommes, du travail, du temps et de l'existence relève d'une fabulation forgée par les détenteurs du pouvoir. Qu'ils construisent une mythologie managériale. Le vrai test du leadership est dans la contribution à la pérennité. Le travail doit ennoblir, et le pauvre récolter ce qu'il a participé à semer.

Il peut exister d'autres structures mentales que celles de la peur et de la docilité du travailleur, que celles des chefs en mal de vengeance et de revanche. Moïse veut suivre son intuition. Il cherche une vérité essentielle qui témoigne du chemin à faire par chacun. Ils aspirent tous à être plus grands qu'eux-mêmes. Ce qu'ils vont chercher sur les plus hauts sommets, à travers les contrées lointaines et les champs de bataille, n'a jamais été ailleurs qu'en eux-mêmes. Au cœur du monde, il y a le cœur de l'homme. Il approche du sens qu'il veut donner à son projet de vie.

Leadership et humilité

Les doutes surgissent. Et qui est-il pour la conduite d'un tel changement ? Une révolution culturelle ne requiert-elle pas que tous les hommes se lèvent comme une marée déferlante. Un seul être peut-il se tenir face au pouvoir en place, et espérer voir d'autres humains le suivre. Et rêver que ceux-ci auront envie de futur quand ils ont perdu la notion du temps de l'histoire. Et que conditionnés par la peur, ils ne savent plus regarder en avant, faire de projets.

Il n'a rien à leur offrir que sa vision d'un monde où chacun devient un sujet individué, et a les mêmes droits et les mêmes devoirs que les plus puissants. Il n'a qu'une parole qui se cherche dans le trébuchement des mots inspirés, et il voudrait leur dire qu'il leur appartient de sortir des cellules du pouvoir et de l'individualisme. Qu'il y a des zones de la conscience où l'homme est libre. Et que cette liberté-là est inaliénable.

Ils n'y croiront pas. Ils le rejetteront sûrement. Qui se souviendra de lui ? Folie du moment, arrogance ou conviction profonde : un seul homme peut-il ébranler les pensées et les désirs des autres ?

De plus, le futur leader n'a pas suffisamment d'expérience de gestion pour conduire un aussi grand groupe. Et il n'a aucune mémoire d'un changement de cette ampleur. Mais il ignore ses atouts : son cheminement personnel, sa vision. Il est aussi celui qui a vécu les deux cultures, est à la charnière des deux mondes, a côtoyé les plus grands et les plus humbles, a entendu leur quête fondamentale et, proche d'eux, sent le moment pour un virage culturel. Le moment est approprié pour une évolution. Il a reconnu leur espoir d'un jour meilleur. Ils rêvent mais oseront-ils s'extirper du joug confortable car connu ? Depuis des mois son mentor l'encourage. Le futur leader est maintenant presque prêt pour sa rencontre avec ce qui l'appelle à être meilleur, nul n'est intérieurement plus réceptif. L'homme se rencontre avant de rencontrer sa cause.

Le leader rencontre sa cause

Les leaders ne savent pas toujours quelles routes mènent au changement, mais ils sentent qu'il s'agit de mettre en œuvre une culture d'autonomisation et de responsabilisation. Puissants ou démunis, tous ont des devoirs du cœur et ont droit à la dignité. Il avance et chaque pas est effort d'élévation intérieure. Depuis quelques semaines il sent une urgence, une chaleur intérieure dans sa poitrine, un feu ardent, une énergie qui envahit son corps.

Lui, le bègue dont les mots se bousculent, doit aller au bout de ce qu'il a à dire et prendre le risque du message authentique qu'il porte. Bouger leur cœur. Ils peuvent s'identifier à ce désir d'être. Ils partageront son enthousiasme et ce souffle d'un projet neuf.

L'homme est héritier d'une mission. Il va au sommet de sa conscience, là où il y a justesse de la pensée et de l'intention, justesse du dire et de l'action à mener.

Pouvoir ou leadership ?

Le message attend chacun depuis longtemps dans ce lieu central au-delà de toutes croyances. Peur et exaltation. Et là, il voit. Un buisson en feu, pulsant parmi les buissons, ne se consume pas, différencié. Et le futur leader rencontre sa cause. Il ne peut se dérober : « Me voici. » Dès lors un dialogue s'instaure avec son Dieu-conscience : « J'ai vu, j'ai vu l'humiliation de mon peuple… ; j'ai accueilli sa plainte contre ses oppresseurs… »

Le travail le plus simple mérite respect et dignité. Aucune souffrance mentale ou physique ne devra laisser indifférent. Une autre philosophie managériale est nécessaire pour faire le virage culturel d'une gestion pharaonique à une vision moïsiaque.

Absence de communication du projet chez un équipementier international

Dans cette entreprise en situation de crise, rachetée à ses fondateurs par un grand groupe financier, ouvriers, agents de maîtrise et syndicalistes sont majoritairement issus de quelques familles de cette région assez pauvre et très peu éduquée. Les maires des communes alentour se concertent peu pour faire évoluer une situation devant laquelle ils se sentent relativement impuissants. L'entreprise, qui se perçoit comme le leader dans son domaine, connaît des grèves majeures lors des négociations annuelles, au point parfois de devoir livrer ses clients par hélicoptère. Un malaise diffus règne.

L'audit, par entretiens individuels et collectifs, auprès d'un pourcentage très représentatif des différentes catégories de personnel et de métiers, montre un besoin de préparation de l'avenir. Cette entreprise est davantage conduite comme une usine que comme une filiale ; son équipe dirigeante est relativement jeune et de niveau peu international, et sa cohésion gagnerait à être optimisée. Cette partie du diagnostic irrite deux membres de l'équipe de direction qui nient la véracité de ce qu'ils ont participé eux-mêmes à élaborer, et frustre le patron à qui son équipe a toujours raconté que tout allait bien entre eux et chez eux.

Un consensus se dégage des perceptions à tous les niveaux et permet de faire émerger cinq défis qui devront être relevés par l'équipe de direction :

1. **Défi de vision et de vigie externe.** Les directeurs et chefs ignorent tout de la stratégie du groupe, comme de l'évolution du cœur de métier que seuls certains pressentent. Seuls les ratios financiers du groupe descendent régulièrement pour les revues de management mensuelles. La R&D est centralisée au niveau du groupe et n'a aucun contact avec les gens sur le terrain. Les services de marketing et des ventes interagissent peu avec les personnes de la production, et aucune intelligence de l'environnement externe n'est partagée. Les employés connaissent très peu de choses sur la concurrence et sur les clients, et n'entendent parler de ceux-ci que lorsqu'il y a des réclamations.

2. **Défi culturel et de communication.** L'équipe dirigeante est divisée entre anciens et nouveaux, ce qui génère un cloisonnement et des silos entre directions, services et ateliers. De plus, les missions sont mal définies, et parfois fluctuantes. Après les comités de direction, peu d'informations redescendent. Bien plus, les syndicats communiquent plus vite que les chefs, ce qui mine la crédibilité des dirigeants. Les cadres perdent leurs repères et n'osent pas trop aller sur le terrain ; ils se demandent quoi communiquer à leurs équipes. On observe davantage une gestion par l'affichage, en décalage avec la forte demande relationnelle. Les

employés, nostalgiques du temps des dirigeants fondateurs, disent : « Autrefois les patrons mettaient la main au cambouis... et disaient bonjour... ils nous engueulaient, mais on avait au moins des relations avec eux... Aujourd'hui les cadres cogitent dans leurs bureaux, et nous, on applique. » Culture de l'exécution, gestion par la distance hiérarchique, par l'infantilisation et par la culpabilité – « Ils nous accusent... On subit... On est des fusibles... » – freinent la responsabilisation, la mise en commun des intelligences, la réactivité et encore plus la proactivité nécessaires. Innovation impossible.

Par ailleurs, les syndicats veulent être davantage écoutés, s'accorder sur les messages avec la hiérarchie, parler concurrence, clients. Ils veulent la valorisation des agents de maîtrise, des savoir-faire techniques et assurer cette transmission, ainsi que la reconnaissance des succès.

3. **Défi de qualité.** Cadres et chefs d'ateliers en équipes autonomes vivent une avalanche de démarches et de projets. Ils font les pompiers, n'ayant ni le temps ni les méthodes pour capitaliser sur les erreurs, bâtir un processus de validation des conditions de succès d'un projet et gérer les priorités. L'absence d'anticipation est accentuée par une gestion par l'alibi, le renvoi de balles et la recherche de boucs émissaires entre les ateliers en impliquant la hiérarchie. De plus, la gestion par les coefficients pousse à la productivité et les rebuts

sont camouflés. « Ils ont les yeux braqués sur le coef., et ils prennent le code-barre des cartons vides... Les gens de la qualité ne prennent pas d'initiative, ils n'ont pas le courage et s'en lavent les mains », nous disent-ils. Quant aux moyens humains et techniques : « On travaille toujours en situation d'agonie », se plaignent les personnes dans les ateliers. Enfin, les chefs d'équipes sont souvent court-circuités par les opérateurs dans cette usine où la consanguinité est très forte. L'alcoolisme de certains pose des problèmes de sécurité. Globalement, il se dégage un schéma d'impuissance personnelle et collective, qui pourrait avoir aussi un lien avec le sentiment de déterminisme et de résignation qui règne dans cette partie du pays, et qui nous a conduits à rencontrer, durant l'audit, les maires de la région pour les sensibiliser à une démarche collective.

4. **Défi de gestion des ressources humaines.** Aucun retour positif sur l'action, absence de sanction et de système de reconnaissance des contributions. Stages techniques relativement disponibles, mais besoins cruciaux de formation à la gestion comptable, à la communication et au management de projets. Besoin d'une meilleure gestion des intérimaires. Pas de préparation de la relève.

Le plan d'action a été communiqué à tous les membres de l'entreprise durant deux assemblées auxquelles les maires de la région ont été également invités. Environ la moitié de l'entreprise a entendu à la fois le diagnostic de la situation communiqué par la consultante, mais également le plan d'action permettant de relever chacun des cinq défis, présenté par le directeur, lequel était responsable de constituer une équipe de volontaires et de désignés pour le réaliser spécifiquement. Cette opération de communication authentique et courageuse, où l'équipe dirigeante s'est impliquée, a permis de restaurer sa crédibilité malgré le contexte de méfiance suscité par l'audit et la peur de plans sociaux. Voici quelques-unes des actions réalisées dans un contexte de rumeurs persistantes concernant la vente de l'entreprise :

- Séminaire de cohésion et d'élaboration du plan d'action et de communication.

- Accompagnement individuel des membres de l'équipe de direction, même si le directeur de la qualité y a opposé une résistance massive. Les directeurs fonctionnels ont été formés à la gestion de projets.

- Élaboration participative des conditions de succès d'un projet de lancement de véhicule automobile.

- Transversalité initiée par un planning de rencontres entre directeurs et au niveau des chefs d'ateliers.

- Déclinaisons auprès des équipes dirigeantes et communication aux employés du plan d'action local.

- Journée portes ouvertes.

➢ Invitation de clients et visites chez ces derniers par des employés, initiées par certains directeurs.

➢ Restructuration de services, de directions et de lignes de production.

➢ Élaboration et communication d'une charte des valeurs issue des aspirations à tous les niveaux.

➢ Identification de cadres à haut potentiel et de cinquante relais, et leur formation aux techniques de coaching des équipes et au management de projets.

➢ Formation du directeur des ressources humaines à ces outils.

➢ Plan de sensibilisation à la sécurité et contre l'alcoolisme.

➢ Valorisation des équipes autonomes, de la polyvalence, et gestion des intérimaires.

Ce fut la première année de négociation salariale sans grève.

LES LEADERS CAPITALISENT sur les dysfonctionnements, et les transforment en leviers de changement. Ils favorisent les actions qui donnent plus de pouvoir aux hommes, rétablissent le dialogue, brisent le cercle de la puissance et de l'impuissance. Mais garder le leadership passe aussi par la communication de la stratégie, la vision du projet collectif, la connaissance des impacts de l'environnement sur l'évolution de son métier et une meilleure appréhension de ses concurrents. Nécessaire complémentarité entre vigie interne et externe.

4

Genèse d'un projet

Il doute encore de sa crédibilité, ayant fourni peu de preuves concrètes : « Qui suis-je, pour aborder Pharaon… ? » Le cheminement humain peut donc favoriser un leadership d'influence. Ainsi, capacité d'intériorité et intelligence de la vie sont des critères importants de management. La conduite des hommes ne requiert pas que des qualités de bon jugement, des résultats quantitatifs, des compétences, ni même du potentiel. Elle suppose l'humilité de grandir avant que de faire grandir, et de cheminer à leurs côtés. Le futur leader hésite encore : « Que leur dirai-je ? » Voudront-ils faire les efforts, auront-ils le courage, abandonneront-ils sans regret les prisons fréquentées depuis toujours, pour l'inconnu de leur âme et la découverte de leur propre puissance ?

Vers un leadership d'influence

Il n'a aucun pouvoir hiérarchique sur eux et ne sait encore comment s'exerce un leadership d'influence. Il n'a aucune certitude sur la manière de motiver et de faire avancer ceux à qui on ne fait pas peur. Mais il est convaincu que dans une gestion de la pérennité, ce n'est pas par le pouvoir absolu qu'il pourra y arriver. Il apprendra à leur contact, s'ajustera, les écoutera et tentera de répondre à leurs attentes profondes. Il se dit que c'est bien là un des plus grands défis de gouvernement des hommes. Lucide, il sait qu'il y a loin du rêve à la réalité.

La voix intérieure est en même temps voie pour le nouveau dirigeant. Il trouve au plus profond de lui la volonté de s'engager. Il a l'intuition que ce projet correspond à celui de tout être et de tout groupe en quête de son humanité. Mais il ne sait encore si le moment est opportun pour sensibiliser l'homme de pouvoir à l'aspiration des travailleurs.

Il lui faut maintenant agir avec courage, rencontrer celui qui incarne l'autorité suprême et négocier avec lui le départ temporaire des travailleurs, « à trois journées de chemin dans le désert... », ce afin de s'éloigner un temps de la culture ambiante et découvrir qu'ils peuvent sortir de leurs déterminismes culturels. Puis revenir.

Le leader a la capacité de rêver, mais il lui faut aussi réaliser. Il a une obligation de résultats. Comme toute mission, celle-ci vient avec une forte exigence de réussite : « Et maintenant va, je te délègue vers Pharaon ; et fais que mon peuple... sorte de l'Égypte. » Il ne s'agit pas de sauver des hommes, mais de les aimer suffisamment pour les accompagner dans leur évolution.

Il n'est pas un sauveur, mais un homme qui appelle d'autres hommes à la responsabilité d'être. Accompagner la réussite, se donner et leur donner des hauts standards pour atteindre des cibles qui ont du sens.

Leadership et connaissance des vulnérabilités

Le leader se demande maintenant comment il peut convaincre son groupe. Il n'ignore pas que la mobilisation des hommes pour un changement de cette nature exigera des preuves multiples de crédibilité. Il demande des signes qui prouveront la véracité de ce qu'il avancera : « Ils ne croiront pas et ils n'écouteront pas ma voix… » Le changement ne se décrète pas. De plus, il sait que, contrairement à Pharaon, il a peu d'expérience de la gestion des hommes et n'a encore aucune équipe pour le soutenir et le conseiller.

De plus, il est convaincu que la communication sera cruciale, mais bègue car les mots fous d'intériorité s'entrechoquent, il communique mal. Il négocie, répond par des questions. Il demande un communicateur pour suppléer ses faiblesses, sachant qu'un bon dirigeant doit s'entourer de compétences complémentaires : « Je ne suis habile à parler… » Il lui est répondu : « Je seconderai ta parole… » Devant l'ampleur du projet, il éprouve un dernier doute et essaie de s'en sortir. Il suggère : « Donne cette mission à quelque autre. »

L'homme ne peut échapper à sa vocation quand il l'a ressentie. La décision est prise, il aura la responsabilité de ce groupe, mais il aura des adjoints pour pallier ses faiblesses. Aaron et Myriam seront ses bras droits. Un homme va donc affronter l'être le plus puissant de la terre. Il ne sait à quoi il sera reconnu comme chef par le groupe et par Pharaon.

Leadership et prise de risques du visionnaire

Les leaders acquièrent durant leur parcours dans la solitude la ferme conviction d'une évolution inéluctable. Ils développent le désir et la volonté de prendre les risques nécessaires pour relever des défis ambitieux. Chacun peut repousser ses limites.

Il sait que la rupture sera totale. Passage des refuges aliénants de la pensée magique, à une transmutation humaine qui exige des hommes qu'ils soient les garants d'une éthique. Passage d'un univers où les hommes de pouvoir méconnaissent toute censure et sont au-delà des devoirs, à la responsabilité.

Moïse pressent l'universalité de ce dessein. Toute communauté, chacun peuvent trouver une direction intérieure dans « l'alphabet du comportement humain ». Et avoir accès à la conscience élargie du : « Je suis qui je suis. »

Pouvoir ou leadership ?

Un univers à deux vitesses

Les leaders capitalisent sur le passé, ils en extraient des enseignements pour avancer. Moïse se souvient à nouveau avec beaucoup d'acuité de certains principes pharaoniques de commandement. L'homme de pouvoir vit dans la logique d'exploitation. Tout n'est que ressources à son service, hommes ou bétail, instruments et talents. Il a instauré l'exclusion, le tri social, les castes. Mis en place une structure qui a pour objectifs le renforcement des droits des chefs et les obligations des ouvriers.

Vision réductrice : l'organisation du travail est parcellisée, les hommes sont des outils de production. Ils n'appartiennent pas à une âme. L'autonomisation, le respect de la personne, la dignité sont refusés au monde ouvrier. Rigidité et perfectionnisme règnent. L'absence de contrat moral ne peut favoriser la demande du corps social qui est occultée. Impuissance et résignation des travailleurs, empêchant le sentiment de fierté pourtant si crucial dans la participation à une œuvre. Les travailleurs sont plus que muscles et bras. Toute vie est animée par un feu intérieur, il ne s'agit plus d'être au service du projet d'un seul.

Le leader se souvient encore, les ordres fusaient de partout, les contremaîtres commandaient, souvent oppressaient. Partout, gestion par la suspicion. L'homme de pouvoir avait dit de ses ouvriers : « Ils pourraient se joindre à nos ennemis, nous combattre et sortir de la province. »

Pharaon qui ne conçoit la réalisation humaine que dans la mort et l'au-delà, ne peut être interpellé par celui qu'il utilise pour le servir. Celui qui vit dans l'opulence, obsédé par ses propres buts et animé par ses conflits non résolus, ne peut entendre et sentir les aspirations d'autrui. Monde à deux vitesses. Celle du chef infaillible, omnipotent et omniscient. Celle du travailleur exploité. L'homme ne peut être libre et responsable dans un système où le chef est un dieu de chair et de sang et se confond avec la source du pouvoir universel.

La désaliénation commence par la fin des schémas élitistes pour les uns et réducteurs pour les autres, par la fin d'une pensée binaire qui entrave. L'être est, bien avant d'être ouvrier ou chef. Celui qui peut accéder aux plus hauts niveaux d'autorité n'a pas accès à sa véritable raison d'être. Les nécropoles ne sont pas les lieux de la transmutation. Celle-ci a lieu au travers de la rencontre avec soi, avec autrui, avec les formes de pouvoir, avec sa culture et son environnement.

Intériorité et action. Pour les leaders, chaque étape de la vie et de l'action est initiatique. Les élans de l'âme peuvent être vécus par tous au quotidien. Les vrais dirigeants ne demandent pas aux travailleurs de les accompagner dans leur propre peur de mourir. De payer le prix pour ce qu'ils n'ont pas intégré, pour leurs peurs et leurs fantasmes. Ils prennent la responsabilité de se délier. Ils se donnent pour mission de les aider à se libérer aussi de la peur de se révéler plus grands qu'eux-mêmes. Ils croient en l'homme. Chaque fois qu'ils investissent leur confiance en lui et lui ont confié un défi de leadership, il s'est dépassé. C'est en accomplissant ce parcours qu'il se surpasse pour atteindre sa forme d'éternité.

Le leader a compris que l'homme de pouvoir a peur de la capacité de l'homme à se transcender dans l'universel et l'incommensurable, et qu'il lui dicte sa conduite et son existence terrestre, son temps et son espace, pour le confiner. Et l'homme a peur de l'étendue de ses capacités et ne prendra pas toujours le risque de les mettre à jour, ne se sachant pas accueilli, n'ayant pas appris à les valoriser, à les faire émerger.

Responsabilité du leadership. Or trop souvent culpabilité et responsabilité sont confondues. La culpabilité est prison émotionnelle, elle fausse l'intention et l'action. Souvent souffrance débilitante et recherche de boucs émissaires, ou tentative de bonne conscience, elle ne répare jamais vraiment ni soi ni autrui. Le coupable va en deçà de lui-même, le responsable au-delà. Entre culpabilité et responsabilité, un monde, celui de l'action juste, celui de la proactivité positive qui permet de se dire : « Et si je ne le fais pas, qui le fera ? Et si je ne suis pas moi, qui suis-je ? »

L'homme de contribution comprend que les fossés qui se creusent entre gouvernants et gouvernés, résident dans la mythologie pharaonique et dans ses schémas. L'ennemi est intérieur et ce n'est pas le monde ouvrier. Au contraire, celui-ci constitue une opportunité de dépassement pour les chefs. Inaliénable, l'âme vogue plus libre que l'ego.

Saura-t-il convaincre l'être le plus puissant que chacun est aussi esprit et doit se désaliéner des cultes et cartes mentales de son époque. Et que l'enjeu du leadership consiste en une gestion fine des équilibres entre performance et conscience humaine et sociale.

Du décalage paradigmatique

Le leader essaye de négocier l'interruption temporaire du travail. Il est accueilli dans l'apparat, le faste et le luxe qui entourent l'homme de pouvoir. Quelques-uns dans sa cour avaient connu le prince gouverneur parti en exil. Premier face-à-face de deux hommes puissants, de deux interlocuteurs dignes de se rencontrer. L'équilibre du dialogue se fait entre des personnes qui se respectent. Or le sens de la requête adressée à Pharaon pour rompre quelques jours l'assujettissement des travailleurs et donner l'impulsion d'un projet de société ne semble pas compris.

Autisme hiérarchique. L'homme de pouvoir oppose un refus catégorique à la demande d'une partie des ouvriers de se recueillir trois journées loin du joug du travail sans fin. Bras de fer ou négociation, chacun est redevable vis-à-vis de son groupe. L'homme de pouvoir ne veut pas perdre la face. Les aspirations d'une partie des esclaves sont interprétées comme une grève. Pharaon craint d'avoir à laisser partir aussi le reste de la force ouvrière : « Pourquoi débauchez-vous le peuple de ses travaux ? »

Mais cela n'est pas suffisant, l'homme de pouvoir veut montrer qu'il a tous les droits. Il ne les laissera pas partir. La hiérarchie ne peut entendre les aspirations humaines. Ce qui importe, c'est la rentabilité : « La quantité de

Pouvoir ou leadership ?

briques qu'ils faisaient précédemment, imposez-la leur encore. » Productivité décuplée. Zéro-tolérance. L'outil de production doit être rentabilisé par le gestionnaire qui ordonne l'accroissement des tâches : « Qu'il y ait donc surcharge de travail pour eux. »

L'homme de pouvoir ne sent pas l'irréversibilité du temps des hommes qui se sont mis en marche pour prendre en main leur destin commun. Ils pourraient lui échapper si leur esprit devenait libre, s'ils gagnaient en autonomie. Ils pourraient contester s'ils avaient des lieux de parole. Ils pourraient remettre en cause ce que des dynasties de dirigeants avaient mis en place pour maintenir l'ordre, museler l'intelligence, s'attacher des bras. L'homme de pouvoir ne peut envisager que ses plans soient bousculés.

Le leader se demande comment Pharaon peut être aussi sourd à toute demande extérieure, au point de ne pas se rendre compte que le combat qu'il mène n'a rien à voir avec celui qui est entrepris par les travailleurs. Qu'il confond fondamental et relatif, personnel et collectif.

L'excès de rigueur et le manque d'empathie mènent à la rupture

Même style de gestion à travers la hiérarchie, les contremaîtres gèrent comme leurs maîtres. Le message est bien intégré par les superviseurs craintifs, tenus pour coupables et incompétents. Chacun est centré sur des buts fixés à n'importe quel prix, fût-il humain. Pharaon est immuable, aucune sortie n'est possible, ni rêve ni projet de lendemain ne verront le jour. L'homme de pouvoir est dépassé par les événements. Pour la première fois il a conscience un bref instant de son impuissance. Au lieu d'écouter ce qui se passe en son cœur, il se défend. Au lieu d'agir en contact avec la réalité, il réagit avec son histoire personnelle.

L'interpellation du management et son évolution sont illusoires. La requête est vécue comme une atteinte à son statut, à sa fonction, à sa personne. Il est dans la confusion du rôle et de la personne. Il est Pharaon. Toute tentative d'expression est réprimée et l'humanité de l'homme est absente. Aucune compassion ne transpire, aucun élan du cœur. Bien pire, sa réaction est excessive. Ces ouvriers sont ses prisonniers. Toute la ligne hiérarchique a intégré le puissant message.

Quand le pouvoir est centralisé, les castes imperméables, les classes stratifiées et le cloisonnement la norme, l'entité humaine se trouve dans la division des intelligences et des âmes, dans l'exploitation d'une masse ouvrière où l'individualité est impossible et l'individuation inconcevable. Chosifiés, ils lui appartiennent.

Pourtant l'opportunité est donnée à nouveau à celui qui détient l'autorité de faire le changement culturel qui éviterait la fracture et lui permettrait d'atteindre ses objectifs à plus long terme. Mais lui-même prisonnier de son rôle, aveugle à l'altérité du travailleur, il ne sent pas à quel point un changement de paysages mentaux et affectifs s'actualise sous ses yeux. Il pourrait entrer dans la légende pour les avoir menés du statut de paria, à celui

Pouvoir ou leadership ?

d'homme co-créateur du monde. Mais l'homme de pouvoir ne peut rester sur ce qu'il interprète comme un échec.

Pour l'autorité absolue, les besoins organisationnels et les désirs humains, les objectifs personnels et les buts collectifs sont peu conciliables. Il s'endurcit, s'obstine. La requête de dignité est vécue comme de l'arrogance et de la paresse. Langage de sourds.

L'homme de pouvoir poursuit son monologue de revanche et de vengeance, de manipulation et de chantage. Peu en contact avec ses émotions sensibles, il réagit obnubilé par les coefficients à atteindre, et donne ce jour même aux surveillants l'ordre : « Ils iront eux-mêmes faire leur provision de paille... Car ils sont désœuvrés... »

La revendication de la désaliénation physique et spirituelle ne trouve toujours aucune résonance.

Or par ailleurs, devant cette opposition et l'accroissement des tâches, les hommes se découragent. Quatre cents ans d'assujettissement brouillent les paysages mentaux. Le climat de coercition, les surcharges de travail, le mépris et l'absence d'opportunités, tout comme l'impossibilité d'une culture autre que celle de la productivité, aggravent la confusion dans les esprits. Accablés, les ouvriers s'en prennent au leader. Lui même est perplexe, le sort des ouvriers a empiré.

Que faire ? Parler le seul langage que l'homme de pouvoir puisse entendre à présent : rapport de forces ? Jouer avec les mêmes armes ? Première réaction : répondre au pouvoir par le pouvoir, éblouir la hiérarchie pour la convaincre. Le leader et son adjoint se rendent chez Pharaon, mais ne l'impressionnent pas. Impossible d'éviter le compte à rebours. Le défi à relever par l'être le plus puissant devient occasion manquée. L'homme de pouvoir se protège de l'empathie : « Le cœur de Pharaon persista, et il ne leur céda point... » Chaque épreuve est vécue comme une humiliation, une compétition. Il perçoit ce défi organisationnel et social comme une attaque contre son autorité.

L'homme de pouvoir ne peut imaginer ce qu'il a à gagner d'un partenariat. Il est imperméable à la coopération. Il n'y a qu'une place à convoiter, c'est la première, et il ne la partagera pas. S'il accepte le dialogue au début, il refuse toute remise en cause. Il n'y a pas d'issue favorable au conflit. Grisé de pouvoir, il ne peut perdre la face. Aux gestes essentiels de solidarité humaine, il substitue l'indifférence. Celle-ci est sa plaie personnelle.

Le leader se demande si le chef suprême comprend ce qui est en jeu. Il semble que oui.

Mais l'homme de pouvoir a du mal à tenir ses promesses, parfois même il les oublie, souvent les renie. Pour lui, le contrat n'engage qu'autrui : « Pharaon s'opiniâtra cette fois encore... » Une fois de plus, le management est coupé de ses ouvriers. De plus, il ne prend pas de recul, ne demande pas conseil. Seul son égocentrisme le guide. Il a le monopole total, mais ignore que la vraie puissance émerge de la contribution et de l'influence. En construisant avec des pierres, il a endurci son cœur. Bâtissant les plus beaux tombeaux du monde, il est dans une logique de mort.

Pouvoir ou leadership ?

L'homme de pouvoir ignore que son rôle est de se mettre et mettre autrui dans une dynamique de vie. Or il ne peut se résigner à les laisser partir et revient une fois de plus sur sa décision. La nuit noire en Égypte ne lui permet pas de voir plus clair en son cœur. L'homme de pouvoir menace. La dernière plaie sera la plus cruelle et la seule décisive puisqu'elle l'atteint dans sa propre famille, seul lieu de vie où il demeure sensible.

L'homme de pouvoir devient homme quand son cœur est atteint. Même le plus fort est capable d'humanité.

Éléments d'une culture à bâtir

Pharaon accepte finalement le départ d'une partie des ouvriers. Ce qui devait être un fait divers dans l'histoire, un arrêt de travail de quelques jours, devient un événement, la Pâque. Premier pas de la désaliénation des mythes et des prisons du pouvoir : « Ce jour sera pour vous une époque mémorable... d'âge en âge... »

Le passage physique de l'autre côté de la mer est passage culturel. Ils partent en pleine conscience, ils ne sont pas des fugitifs. L'homme n'est plus un aliéné, il revendique du sens. Le geste individuel réhabilite le temps, fait de l'être un pilote de la mémoire : « Et tu porteras comme symbole sur ton bras, et comme mémorial entre tes yeux... que, d'un bras puissant, l'Éternel t'a fait sortir d'Égypte. »

L'ouvrier, le chef, l'homme en chacun, doit se souvenir et apprendre qu'il a devoir de désaliénation, de transformation et de trans-mission. La mémoire acceptée des racines et du transgénérationnel sauve l'être de l'oubli et participe à son identité. L'homme est un être de symboles et de signes, de sens. Réhabilitation des ouvriers : d'un corps organique à un front porteur de mémoire et de projet. De la mobilisation des organes préhensiles à celle des cœurs. Humanité dans le monde professionnel.

Le leader prend les risques de s'exposer, d'être acteur de changement. Force du choix qui vient d'un mouvement profond. Entre le profit immédiat, la rentabilité et l'individualisme élevés au rang de cultes, et le désir de pérennité et de contribution du nouveau chef, il y a une mer à traverser, celle du sens. Dans cet espace-temps, naît enfin pour tous les travailleurs la troisième dimension. Entre les deux rives de la Mer Rouge, il y a d'une part l'idéologie du pouvoir et d'autre part la naissance d'une idéologie de partage.

Les premiers pas sur cette route seront conduits par celui qui a marché longtemps pour faire son évolution personnelle. Et qui, maintenant seulement, peut les mener de la solitude humaine à un « être-ensemble » ouvrant sur un véritable avenir. Mais la sortie de l'asservissement et la libération de l'automatisation du travail ne visent pas la liberté totale. Celle-ci vient avec des contraintes : le dépassement de l'ego-roi en dix principes d'action inscrits dans un code éthique, spirituel, relationnel, économique, social et environnemental.

Pouvoir ou leadership ?

Les leaders démocratisent la parole et le sens. La transition managériale reflète le passage d'un être oublieux de son histoire, muet, constamment interpellable, sur lequel le management parle et qui n'a pas le droit de questionner, à un sujet à qui la parole est restituée. Cette marche a une dimension plus universelle, celle de la démocratie de l'échange. La personne existe, elle questionne et conteste, a une opinion individuelle, argumente et se permet d'interpeller l'autorité suprême. Passage des lieux de souffrance aux lieux de parole et de dialogue. Dans le désert, l'interpellation et le questionnement deviendront des modes de management pratiqués à chaque niveau hiérarchique.

La traversée implique aussi le passage à la démocratie des sentiments et des aspirations. Tout être a droit à son humanité. Elle vient avec un prix à payer pour entrer dans l'univers de la noblesse des sentiments : celui d'une gestion par les valeurs.

Le leader aide à faire le virage d'une société pyramidale et aliénante à une société en réseau collaborant à son devenir collectif. La sortie d'Égypte consacre l'altérité et la communauté comme autres valeurs, elle implique des conceptions différentes de l'homme, du temps, du travail et du leadership. La sortie, la Pâque, inaugure la fin de l'impuissance ouvrière. Elle dit qu'entre toute-puissance et impuissance, existe la puissance intérieure.

Entre vision et réalité

Le leader est-il jamais au bout de ses efforts et suffit-il d'avoir une vision ? Entre rêve et réalité, le chemin du nouveau chef sera semé d'obstacles. La mutation implique des défis internes à relever. Comme toujours, ils sont d'ordre humain, d'autant plus que le nombre de personnes à gérer serait de l'ordre de centaines de milliers d'adultes. La marche qui devait durer onze jours, prendra quarante ans. Les virages culturels ne se décrètent pas, ils s'accompagnent. La gestion du changement soulève les plus grandes résistances et deux crises éternelles. D'une part, celle de la nécessaire reconnaissance des aspirations et des besoins essentiels des ouvriers. D'autre part, celle du combat pour le pouvoir dans l'équipe dirigeante.

Management interculturel ou leadership transculturel

Pour l'instant, l'ensemble des travailleurs qui suivent le leader est loin de constituer un groupe homogène et d'adhérer au projet. En fait plusieurs groupuscules se sont joints brutalement aux travailleurs. La gestion de la diversité constituera un défi important. Il pressent que, malgré l'idée mobilisatrice du projet, la fusion en une seule culture et la communauté de vues seront loin d'être acquises. Le leader comprend qu'il doit les amener à concilier leurs différences. Ils verront celles-ci au quotidien sur le terrain. Plutôt que de mettre l'accent sur l'apprentissage des diversités qu'il estime être une richesse et sur un regard autre mais infini sur la réalité des différences, il opte pour leur faire voir en quoi l'humanité est d'abord « même ». Pour mobiliser une communauté sans patrie, sans gouvernement centralisé, en réseau solidaire, il doit trouver les fondements intemporels qui rassembleront les hommes où qu'ils soient. Il se demande s'il n'est pas opportun de les motiver sur des orientations universelles qui transcendent les spécificités des groupes et permettent aussi de les unir à travers des aspirations essentielles. Trouver les clés pour exercer un management transculturel.

Visionnaire, il a pu réaliser la première phase de son plan, mais il ignore comment bâtir la deuxième. Il pense à cette nouvelle étape de sa mission. Puisqu'il ne veut pas contrôler, il devra trouver un moyen de coordonner et d'aider à créer un sentiment d'appartenance au-delà des liens ethniques, de l'antagonisme des sous-groupes, de la quête de pouvoir prévisible des uns et des autres et de leurs vues à court terme. Il réfléchit et partage ses sentiments avec son adjoint et dauphin Josué. Leur rôle consistera à réfléchir aux éléments qui permettent d'enraciner une culture ouverte à l'étranger. Apprendre à coexister.

Dans les phases de transition, le dirigeant a besoin d'un guide. Pour mener à la rupture, la voie à suivre est toujours intérieure. Il est également nécessaire d'avoir d'autres éclairages : « L'Éternel les guidait le jour par une colonne de nuée qui leur indiquait le chemin, la nuit par une colonne de feu destinée à les éclairer. » Un accompagnement est nécessaire pour sortir de la confusion et indiquer les balises nécessaires à l'action.

Le leader pense qu'il incombe aux chefs de distinguer et de faire distinguer entre perte de repères et sens. Il leur revient également de transformer la signification d'un temps « magma des jours » en temps humain, de sortir du temps du pouvoir et de proposer un temps d'espérance et une insertion dans une tradition. Un temps vecteur. Du déterminisme au libre arbitre.

L'ancrage de ce futur être-ensemble résidera dans la qualité relationnelle du partenariat entre le chef et son groupe. Aussi il partagera avec eux tout ce qu'il sait, ce qu'il a appris. Il les formera, leur inculquera les principes essentiels et les soutiendra. À l'inverse de l'homme de pouvoir, le leader démocratise ses savoirs et partage son savoir-être.

Pour entreprendre cette deuxième étape, le leader qui a une vision s'assure d'abord qu'il va dans la bonne direction.

Mais il se rend bien compte que, dans une structure en réseau, il faut être flexible, que tout plan est modifiable, et que ce n'est pas parce qu'on libère des personnes qu'elles ont la capacité instantanée de se prendre en charge. Aussi, il prend soin d'évaluer les opportunités et les menaces, tant internes qu'externes, pour mieux décider des risques à prendre. Priorité : le chemin à parcourir sera celui du désert, « vers la mer des Joncs », pour éviter les Philistins. Une lutte avec eux en ce moment serait fatale au moral du groupe dont le niveau de cohésion est encore à optimiser.

Pouvoir ou leadership ?

Il est trop tôt pour soumettre sa collectivité à un conflit externe. Il ne s'agit pas de conquérir, ni de s'exposer vulnérable. Il faut d'abord s'assurer de bâtir un sentiment d'appartenance suffisant. Les leaders construisent sur des fondations solides. Or Pharaon s'est encore ravisé. « Les Égyptiens qui les poursuivaient les rencontrèrent, campés sur le rivage... »

La première crise éclate. Les groupements humains physiquement fusionnés ne le sont pas émotionnellement. Il leur est difficile d'appréhender la véritable dimension de cet événement. Devant ceux qui les poursuivent, ils manquent de courage. Comme toujours les défis sont internes. Ils régressent dans la peur qui emprisonne, dans l'irresponsabilité. La motivation est fragile, les résistances au changement sont en œuvre. Découragement face au pouvoir : les hommes ont peur de se rencontrer dans leur propre force. Chacun préfère retourner dans les sentiers connus de l'impuissance qui permettent aussi les alibis.

Le leader comprend que la rencontre avec l'ennemi et les défis est d'abord rencontre avec ses propres faiblesses, ses cartes mentales. La sortie de l'assujettissement sera douloureuse car l'aliénation peut en effet se révéler structurante. Son drame, c'est qu'elle a sa part de routine et de confort. Mais le leader a foi dans la vision. Il doit le prouver. La crainte des ouvriers peut se transformer s'il montre du courage, de la ténacité, de la confiance dans ce but collectif. La peur peut devenir motrice et faire découvrir son potentiel. Le leader est persévérant, il a pour ancrage le projet commun. Ils entreront dans la mer des Joncs. Et là, « au milieu de la mer, dans son lit desséché, les eaux se dressèrent en muraille, à leur droite et à leur gauche ».

Premier enthousiasme, chaque succès doit se fêter. Développer chez les autres le sentiment d'« efficacité personnelle » est un défi de leadership. Oui les hommes peuvent avoir foi en leur projet et se dépasser, animés par ce qui est plus grand que leurs enfermements et les conditionnements. Chaque réussite participe à bâtir l'estime de soi, du groupe. Chants et danses célèbrent la sortie de la défiance de soi et la découverte intime de quelque chose en eux de plus profond que les déterminismes. Démocratie de l'intériorité. Tous se réjouissent.

Le leader est heureux, ce soir il préfère oublier que le chemin qui mène au changement est plein de détours. Il a le sentiment qu'ils viennent de traverser la crise la plus difficile ensemble, et qu'ils méritent bien de se réjouir. Toutefois, il a conscience que ce premier succès n'est pas suffisant, qu'il faudra structurer ce groupe hétérogène, à travers une même philosophie de vie, et partager avec lui les principes de management d'une communauté qui se veut pérenne. Et qu'il restera à élaborer de nouveaux modes de fonctionnement et à franchir ensemble une des phases les plus ardues : celle de l'accompagnement continu, préalable à la mise en œuvre.

Même dans une structure en réseau la solidarité ne se décrète pas.

Écoute des besoins essentiels

La pérégrination continue dans le désert. Après trois jours sans eau, ils arrivent à Mara où les eaux de la source sont amères. Pour la première fois dans l'histoire, les travailleurs « murmurent », et à plusieurs reprises. Le lieu de la parole est à nouveau humain, il a le visage des ouvriers nomades.

Maintenant les travailleurs à la « nuque raide », rétifs, veulent des explications. Chacun se tient comme un sujet qui interpelle. Lorsque le leader ouvre le champ de la parole, il doit s'attendre à la contestation, au questionnement et à trouver des réponses. Quel rôle assumer, écoute des besoins fondamentaux, distance managériale, constitution d'une équipe pour les faire accompagner ? Il opte pour un management de proximité. Il aspire à créer une communauté, il ne peut laisser régresser ces groupes. Il doit aussi assistance et protection à ceux qui assureront la transition culturelle. Il a conscience qu'il lui échoit de bâtir avec eux une relation privilégiée s'il veut toucher leurs cœurs. Car c'est de cela qu'il s'agit. L'aliénation, leur dit-il, n'est pas une fatalité. Il espère leur donner le désir d'être acteurs de leur vie.

Or l'exaltation, bien que cruciale, ne peut suffire. L'homme ne vit pas que de son âme. Il lui faut aussi combler ses besoins primaires. Le chef est confronté à la complexité motivationnelle. La mobilisation réside dans l'harmonie entre les deux pôles, matériel et spirituel, qui forment la globalité humaine. Ils abreuvent leurs corps.

Mais la soif et la faim ressurgissent, tout comme les contestations. Que faire ?
La communication étant fluide entre le leader et les groupes, les plaintes remontent aussitôt. L'enthousiasme est un feu subtil et doit être ravivé par une crédibilité renouvelée. La motivation passe à nouveau par le délicat équilibre entre les aspirations des uns et les besoins organisationnels. Le leader comprend que les objectifs ne seront atteints que si les besoins des hommes sont pris en compte.

Un engagement réciproque

Il ne peut y avoir demande et satisfaction des exigences sans réciprocité. Un contrat social est proposé : une nouvelle alliance dont les conditions et les responsabilités sont énoncées. Le leader s'engage à devenir un mentor collectif, en échange de l'adhésion de tous au projet et aux principes de vie en groupe. Premières obligations réciproques de fidélité et de loyauté. La bonne gestion des relations humaines requiert un engagement clair et un support de tous les partenaires. Mais rien n'est jamais acquis. À nouveau face à l'inconnu, la nostalgie, même de temps cruels, ressurgit toujours à l'heure des doutes. La manne, rosée mielleuse, ne satisfait pas toutes les attentes. Une fois de plus, la hiérarchie croit qu'elle sait ce qui est bon pour ses équipes.

Pouvoir ou leadership ?

Mais la force ouvrière a cessé d'être esclave. Le leader réalise qu'il ne peut y avoir évolution tant qu'il n'y aura pas satisfaction des besoins fondamentaux du groupe. De plus, il aperçoit ce désir de vouloir plus et plus encore, qui mène à l'insatisfaction perpétuelle. La tentation est forte de créer une société uniquement matérielle. Certains sont déjà dans l'angoisse de la surconsommation. Il s'avère nécessaire de mettre un terme à cette nouvelle aliénation et de faire confiance à la terre fécondée et fertilisée. Il leur faudra donc « ramasser chaque jour sa provision... Le sixième jour... il se trouvera le double de leur récolte de chaque jour ».

Un jour par semaine, arrêter la fuite incessante en avant. Des principes de conduite des affaires sont énoncés. Il est ainsi dit aux ouvriers et à tous les hommes que ce septième jour est passage au temps humain, hors de tous les esclavages. La poursuite des gains uniquement économiques et d'une société matérielle, doit connaître au moins cinquante-deux jours de trêve par an. Chefs et travailleurs se souviendront qu'il existe une éthique humaine, où alternent occupations économiques et vie intérieure.

Le dirigeant chemine avec eux. Le soir, il réunit parfois des anciens et quelques jeunes pour mieux comprendre comment la collectivité progresse et il essaie de s'adapter aux événements. Il se questionne, ne prétend pas avoir les clés ni détenir la vérité. Il est dans une dynamique ouverte sur l'expérience et la capitalisation de celle-ci. Mais il n'est pas au bout de ses peines.

Aux défis internes s'ajoutent les défis externes à relever. L'ennemi n'attend pas que le groupe reconstruise ses forces. Bien au contraire. Le leader montre l'exemple chaque fois qu'il le peut. Il faut faire face aux menaces. Il croit en sa collectivité et partage son optimisme avec elle. À l'extérieur du camp, les nouvelles vont vite, la bataille contre Amalec est gagnée. Le leader a eu raison de croire au potentiel de son dauphin Josué qui est à ses côtés depuis de longs mois. La crédibilité est prouvée, améliorant l'image extérieure. Dans l'environnement les nouvelles vont vite.

Le mentor Jethro témoigne de ce prestige acquis en rejoignant le leader dans le désert où celui-ci campe. Il lui ramène aussi sa femme Sephora et ses deux fils Gersom et Éliezer. Ce soir, le leader peut enfin se reposer. Il n'est plus seul. Sa joie est celle de tout homme, de tout père, de tout ami.

Empowerment dans l'industrie de la sidérurgie

Ce dirigeant est patron de division dans une société qui finance pratiquement tout son groupe par ses résultats remarquables. Reconnue dans son domaine tant pour ses innovations techniques très en amont de ses clients, que pour ses approches managériales, elle est même un phare pour certaines entreprises au Québec. Afin de relancer cette industrie en difficulté, ce leader a procédé à des démarches de *reengineering* de *process*, a instauré parmi les premiers dans son pays une approche de qualité, a suscité des centaines de groupes de réflexion et de conduite de projets. Il a décentralisé l'entreprise, redonné des responsabilités aux plus compétents, instauré un programme d'auto-évaluation des équipes, et d'évaluation à 360 degrés. Il a mis son entreprise sur une trajectoire d'amélioration continue.

Ayant une très forte personnalité, ce leader est décrit comme charismatique par tous ceux qui le côtoient. Il est dit de lui : « Il ne parle pas des hommes, il parle aux hommes. » Excellent motivateur, il a à cœur l'intérêt collectif et croit en la nécessité de dirigeants exemplaires. Ses comités de direction sont appréciés ; il laisse les personnes s'exprimer, favorise le consensus et sait trancher. Admiré, il est aussi aimé, et ce qu'il propose est perçu avec confiance.

En 1998, il perçoit un léger essoufflement dans son équipe et pense la redynamiser par un séminaire qui amènerait ses collaborateurs à se parler vrai, à se donner des outils de communication et à fonctionner différemment. Le séminaire a fait apparaître, entre autres, une volonté de coaching entre pairs, mais également une certaine difficulté à s'accompagner mutuellement et à mettre en œuvre, en cohérence avec les valeurs affichées du groupe, cette nouvelle pratique managériale.

La rencontre avec ce leader, peu de semaines après ce constat, permet une prise de conscience de ce qui est véritablement en jeu dans un accompagnement personnalisé. En effet, toute relation dans ce contexte interpelle chacun sur ce qui n'est pas réglé dans sa vie affective et qui tente de se régler dans la vie organisationnelle. Et toute relation est également marquée par des biais culturels, managériaux et de statut, par les préjugés et paradigmes que chacun d'entre nous porte. Elle nécessite un décodage de ce qui est dit en arrière de ce qui est dit. Et le véritable coaching, qui permet aux hommes de se désaliéner de leurs schémas mentaux et des peurs de leur histoire et de leur culture, est une expérience de libération des hommes qui ne peut se conduire entre pairs ni en interne.

Ce dirigeant a compris qu'un travail en profondeur pouvait favoriser l'émergence de leaders et qu'il leur permettrait ainsi de prendre davantage leur vraie place dans le comité et dans leurs organisations. Sans leur fixer d'objectif de réussite, une présentation du projet a été faite à son équipe de direction, qui avait le choix d'y adhérer ou non. La presque totalité des directeurs a entrepris un tel processus individuel, qui a duré une vingtaine d'heures sur une période de quelques mois. Le leader a bien sûr donné l'exemple.

Ce travail de recentrage a permis aux hommes de passer de manière plus sereine à travers une restructuration douloureuse initiée par le groupe, et à certains patrons d'usine d'évoluer vers un leadership d'influence dans leurs nouvelles fonctions.

LES LEADERS ONT CONFIANCE dans la capacité de leurs équipes à se dépasser et leur donnent les moyens de réussir par une plus grande connaissance environnementale, managériale et technique, mais aussi par une compréhension plus intime de la complexité humaine. Les leaders ne craignent pas la puissance intérieure des hommes. Ils leur offrent aussi des mentors pour la développer.

5

Genèse d'une structure en réseau

Le leader, en contact avec son intuition, écoute les remarques et les avis de son mentor et du conseil des anciens, ainsi que de quelques éléments de sa relève. Il va découvrir deux principes de management de la gestion par les valeurs : l'éthique personnelle et la cohérence des systèmes de management.

Gestion par les valeurs

Le repos du dirigeant est de courte durée. Jethro a acquis durant sa prêtrise une longue expérience de la gestion. Observant le leader gérer cette multitude, il le questionne sur sa façon de gouverner : « Que signifie ta façon d'agir avec ce peuple ? Pourquoi sièges-tu seul... et tout le peuple stationne-t-il autour de toi... ? » Le mentor entend les explications de Moïse et voit des inefficacités dans l'organisation de ses fonctions.

Les leaders décentralisent la prise de décision et multiplient les synergies et les intelligences. Ils repensent leur propre style de management, ainsi que la structure qui permettra d'ancrer les valeurs auxquelles ils croient profondément. Ils savent qu'il leur faudra être congruents s'ils croient au potentiel des hommes et, à l'inverse de l'homme de pouvoir, partager leur autorité et leur capacité d'influence et de décision. Et que cela se reflète dans leur organisation.

Le passage de l'organisation pyramidale à la structure en réseau exige du management une délégation à tous ceux qui ont des compétences reconnues. La crédibilité est un critère important dans la gestion par les valeurs : « La tâche est trop lourde... choisis entre tout le peuple des hommes éminents... et place-les à leur tête comme chiliarques, centurions, cinquanteniers et décurions. » Il ne s'agit pas de contrôler des subordonnés, mais de coordonner des êtres intelligents. La structure doit aussi refléter la flexibilité nécessaire à la mise en mouvement des cœurs. Les dysfonctionnements ne doivent pas durer. Réactive et non administrative, comme il convient au nomadisme des leaders et à la nécessaire résolution de problèmes qu'il faut traiter pour mieux avancer. Chaque équipe est aussi de taille optimale pour favoriser l'émergence de la solidarité.

La structure n'a de sens que par le choix des hommes et par leur capacité à guider des équipes plus ou moins importantes, et ce afin de mettre chacun d'eux en situation de réussite. La compétence d'animation et d'accompagnement des équipes est un attribut du

Pouvoir ou leadership ?

leadership qui participe à ancrer la culture de responsabilité.

La délégation permet aussi de distinguer entre responsabilité stratégique et responsabilité tactique : « ... Ils jugeront le peuple en permanence ; et alors toute affaire grave ils te la soumettront, tandis qu'ils décideront eux-mêmes les questions peu importantes. Ils te soulageront ainsi en partageant ton fardeau... »

Le rôle du leader est la stratégie. Les responsabilités sont claires. La contribution du management est triple : donner du support à son dirigeant, discerner ce qui est stratégique et le faire remonter, et accompagner leurs équipes. Le statut est lié à la connaissance intérieure. La hiérarchie est fondée sur la maîtrise du savoir-être. La structure et la délégation servent l'intérêt général. Elles permettent l'actualisation des qualités de ceux qui la feront vivre.

L'opportunité qui s'est présentée d'inventer un nouveau modèle de management en décalage profond avec le monopole pharaonique a été saisie : dans une structure en réseau, la gestion des potentiels et des compétences remplace celle de la hiérarchie de statuts. L'équipe dirigeante, constituée de garants de valeurs, se répartit les rôles selon le niveau de difficulté des problèmes à résoudre et le nombre de personnes à gérer. Chacun fait ce qu'il est apte à faire.

Au management par la culpabilisation et la justification, par la peur et le contrôle, succède le management participatif et responsabilisant. Chacun partagera la réflexion sur l'avenir, ainsi que les devoirs auxquels sa responsabilité l'appelle. Ces partenaires auront à porter un objectif commun en éliminant les dysfonctionnements à leur niveau. Le leader a l'intuition que la mise en œuvre passe d'abord par l'ensemble des actions immédiates qui permettront de remédier aux dysfonctionnements vécus sur le terrain et aux décalages entre discours et comportements. Aucune stratégie miracle, aucune recette unique ni placebo ne peut remplacer le traitement des problèmes non résolus, ils ressurgissent toujours. Il s'agit de transformer les freins actuels en leviers de changement, de construire sur des bases plus sereines.

La structure a également pour sens la répartition du pouvoir de décision. Elle suppose que les personnes retenues aient des capacités d'animation d'équipe, de résolution de problèmes et prennent l'engagement de diffuser la vision.

Décentralisation et mise en place d'un processus décisionnel et d'accompagnement. Les réponses sont en nous et avec les autres, croit le leader.

Jethro, bon conseiller, le prévient également du danger d'un pouvoir hybride, facteur de dissension et de confusion. Il lui recommande de prendre le risque de gérer seul, d'assumer toute la responsabilité ultime : « Représente, toi seul, le peuple. »

Profondément impliqué et désireux de constamment progresser, Moïse suit les avis de son mentor qui a une grande expérience d'un groupe en constant déplacement et qui sait que la coordination passe par la gestion des valeurs, des potentiels et des compétences. Il a tout à gagner de la mise en commun des vécus des jeunes comme des plus âgés.

Le leader ne peut également échapper à sa responsabilité de préparer la relève, il n'est pas éternel. Ce défi est essentiel à prendre à bras le corps s'il veut assurer la pérennité de son organisation. Retiré avec son mentor, le comité des anciens et quelques-uns de ceux qui seront les futurs piliers, ils s'interrogent sur la mission de ceux qui animeront le groupe constitué. Dans une gestion par les valeurs, il y a nécessité d'essaimer la culture naissante. Aussi un fort niveau d'exigence est-il requis des chefs. La cohésion et l'exemplarité des dirigeants sont toujours cruciales dans la conduite des hommes, c'est ainsi que se développe un sentiment d'appartenance. Toute l'organisation les regarde.

Du projet d'entreprise à sa mise en œuvre

Il faudra aussi concevoir les systèmes de gestion qui renforcent la philosophie et le partage du projet. Redéfinition du rôle du dirigeant et des attentes qui pèsent sur lui. En retraite, le leader et ses conseillers débattent. La vision même partagée, l'écoute fine des aspirations et les changements structurels ne sont pas suffisants pour que tous ces groupes forment une collectivité qui s'autorégule et partage quelques principes de vie. Aussi tous les actes comme recruter, promouvoir, valoriser, sanctionner, former et communiquer devront être congruents avec la culture désirée.

Gestion par l'exemplarité. Les moyens importent autant que d'atteindre les buts. Le leader, qui a pour responsabilité le long terme, sait que la cohérence est fondamentale à la motivation et qu'elle renforce une culture qui traverse le temps ; aussi il retient le premier critère de sélection qui témoigne de la crédibilité votée par l'ensemble des pairs, « il choisit des hommes de mérite ». Ceux qui sont promus le sont en fonction de leur intégrité reconnue par tous. Ce critère implique une pratique d'évaluation de la performance à 360 degrés.

Le leader pressent qu'une des clés pour préparer l'avenir est également d'organiser la transmission des savoirs. Oui même sous Pharaon, ils ont vu des yeux brillants d'intelligence chez les ouvriers, et les anciens enseigner ce qu'ils avaient appris. L'avenir appartient à ceux qui structurent la connaissance, les savoirs et les éléments significatifs des expériences. Une culture orale meurt ; le rôle du leader est de s'assurer de la conservation et de la transmission de la mémoire des vécus et des savoirs pour le futur. Il convient aux leaders d'être des transmetteurs de patrimoine. La formation et l'éducation s'ennoblissent. La finalité d'un dirigeant est d'être le premier agent de changement et de développement.

Jethro avait clarifié le rôle et la mission du chef : « Notifie-leur également les lois et les doctrines… instruis-les de la voie qu'ils ont à suivre et de la conduite qu'ils doivent tenir. » Il exercera un management de proximité et d'émergence des compétences. Il accompagnera l'action en formant les esprits. Il s'inscrit dans un processus qui facilitera l'atteinte des résultats.

Le leader doit donc instaurer une politique active de communication sur la vision, le projet, les normes et les

Pouvoir ou leadership ?

comportements qui faciliteront l'ancrage d'une culture responsabilisante. Il ne s'agit pas d'une charte des droits, mais de celle des devoirs de chacun. Il a pour rôle de favoriser une culture de co-responsabilité. Son mentor l'informe de la nécessité de motiver les personnes en leur insufflant le sens dont elles sont porteuses. « Instruis-les », lui avait-il conseillé. Plus que d'informer, il s'agit de mettre en mouvement l'intelligence des cœurs. Le transfert des savoirs est une pratique managériale cruciale. Il appartient aux dirigeants de relever le défi éducatif.

C'est en rendant les hommes plus intelligents qu'ils assurent la pérennité de leur organisation. Ils initient et accompagnent son processus de croissance. Moïse a les éléments pour mieux comprendre l'ampleur de son rôle. Il s'engage à devenir un atout important pour la réussite du projet. En déléguant une partie de l'accompagnement aux personnes qui répondent aux critères de leadership, il forme ainsi une relève apte à réussir la transition. En instaurant la co-responsabilité, il restructure le paysage mental qui permet d'évoluer de la pyramide au réseau.

Pour les problématiques graves, Moïse prend plus de recul. Il se donne le temps d'être en résonance avec son Dieu-mentor. C'est dans cette conscience élargie que jaillit son inspiration, son intuition, et qu'il trouve les vrais ressorts. Pour parler au cœur des hommes, il doit le faire de son lieu intérieur. Le message est insistant. Le leader est point d'ancrage pour autrui : « Si tu adoptes cette conduite… de son côté tout ce peuple se rendra tranquillement où il doit se rendre. »

Ainsi l'enseignement central du management tient-il en quelques mots : vision, sens et cohérence du leadership. En cela il est processus : conduite intérieure et conduite des hommes. Au-delà de toute structure, l'exemplarité est l'outil le plus puissant de l'action collective. Le mentor peut partir. Il a accompli son rôle auprès du leader qui, lui aussi, a besoin de dessiller ses yeux et son cœur : passage de la dépendance temporaire à l'autonomisation.

Le leader a maintenant quelques clés de gestion pérenne. Il semble avoir tout mis en place pour que ces groupes puissent fonctionner comme une organisation. Cette mutation se fera à travers un long parcours ponctué de multiples boucles apprenantes. Le leadership est apprentissage permanent de la responsabilité. C'est un itinéraire, une évolution continue, pour lui comme pour ses collaborateurs. Comme eux, il ne sait pas tout, il a encore des choses importantes à apprendre.

Vision, sens et cohérence dans une société pharmaceutique

Dans un environnement très concurrentiel, cette entreprise a une bonne part du marché des pharmacies, domaine en pleine reconfiguration au Canada. Elle fabrique des médicaments génériques ainsi que ses propres médicaments, et acquiert en 1999 une société concurrente de marketing de produits génériques très connue auprès des clients pour son approche innovante et à forte valeur ajoutée. Le dirigeant acquéreur est le seul président qui m'ait parlé pendant trois heures des clients et de son désir de contribuer au domaine de la santé par des approches nouvelles. Il a déjà vécu plusieurs fusions et acquisitions et procède de manière stratégique et participative. Il est reconnu par ses pairs comme étant un visionnaire. Pour s'assurer de réussir le pilotage des deux ensembles, un processus en trois étapes est mis en place : pré-fusion, fusion et post-fusion.

Pré-fusion

Désireux d'atteindre ses objectifs aux moindres coûts humains et financiers, ce leader veut se donner des fondations suffisamment solides pour bâtir une stratégie de rupture et développer une philosophie de l'action qui vise le long terme. Pour lui, c'est en apportant une valeur ajoutée réelle à ses clients qu'il gagnera des parts de marché tout en les fidélisant. Pour faciliter la transition à venir, des entretiens individuels sont effectués auprès des deux équipes de direction, élargies aux responsables des ressources humaines, du marketing et des ventes, identifiés par les deux dirigeants comme étant les relais de la stratégie et des valeurs humaines des deux groupes.

Durant cette phase d'audit, les préoccupations personnelles et collectives sont abordées par les personnes ainsi que leur perception des défis futurs et des facteurs de succès. Ces entretiens préalables constituent des lieux de parole où se sont exprimés librement à la fois l'arrogance et le mépris réciproques de ces ex-compétiteurs, et où ont émergé les craintes de futures restructurations. Ces moments authentiques, où est également sollicitée leur intelligence de l'environnement externe, constituent une étape incontournable, et sont le signe pour ces personnes d'une évolution culturelle porteuse d'avenir.

Suite aux remarques faites sur la hiérarchie, deux membres de la nouvelle équipe de direction acceptent quelques heures d'accompagnement individuel. Le dirigeant entend également les attentes formulées sur sa dynamique managériale et sur son mode de communication. Il décide de rencontrer les employés de l'entreprise acquise.

Fusion

Une semaine après l'annonce officielle aux deux entreprises de l'acquisition, un séminaire de trois jours rassemble tous ceux qui ont été rencontrés. Cette session de la nouvelle équipe de direction élargie a des objectifs clairs :

- ➢ partager les perceptions réciproques et faire le deuil du passé pour bâtir ensemble ;
- ➢ définir une vision, des valeurs, un projet communs ;
- ➢ réaliser un consensus sur les nouveaux défis ;
- ➢ définir les stratégies et défis de mise en œuvre ;
- ➢ identifier le nouveau *business model* ;
- ➢ se fixer des objectifs de parts de marché, de chiffre d'affaires et de profits ;
- ➢ se donner un « plan 100 jours ».

Dès le début du séminaire, sachant que ces mariages bouleversent la vie émotionnelle des deux entreprises, une analyse des freins majeurs qui bloquent les fusions a été présentée et débattue. Puis le dirigeant acquéreur a accepté de laisser s'exprimer chacun en temps réel sur les pertes et renoncements personnels et collectifs à faire, sans jugement. Enfin tous furent invités à envisager ce qu'ils gagneraient à ces épousailles. Après ce moment de partage vrai et de courage commun, les équipes ont pu alors contribuer à l'élaboration d'une même vision, identifier les priorités et s'engager à mener l'implantation. La nouvelle équipe de direction a dit avoir découvert des amis.

La première assemblée des vendeurs, organisée par la hiérarchie quelques semaines après, a réuni pendant trois jours les équipes de ventes et celles de marketing afin de valider la vision et les objectifs, de communiquer sur la nouvelle politique de ressources humaines et de débattre sur ces thèmes. Elle avait également pour objectif de faire partager la connaissance fine des clients et des marchés.

Les responsables marketing de l'entreprise acquise ont aussi formé les vendeurs aux outils de marketing et informatiques qui ont fait leur succès à l'époque où ils étaient concurrents. Un audit par une personne externe était conduit durant les trois jours permettant de recadrer les contenus des journées selon les attentes des personnes qui se rencontraient pour la première fois. La hiérarchie a modifié l'agenda prévu pour la dernière journée afin de répondre à des questions très pratiques sur la formation complémentaire, le parrainage, la gestion du compte de dépenses, le traitement des plaintes des clients, la chaîne décisionnelle et le niveau d'autonomie de chacun.

Post-fusion

Désirant rendre leurs clients plus profitables, et croyant véritablement au partenariat et aux approches innovantes, l'entreprise propose aux pharmaciens des programmes à valeur ajoutée, des services de gestion des données et des journées de clinique externe pour éduquer les patients. Elle forme ses clients à une meilleure gestion informatique de leurs fichiers et leur offre du conseil. Son objectif est de les rendre plus entreprenants, de leur faire garder et attirer une nouvelle clientèle. La direction a par ailleurs entrepris de valider avec quelques-uns de ses clients les approches et services qui pourraient permettre à ces derniers de mieux relever leurs défis concurrentiels.

LES LEADERS ACCEPTENT de ne pas détenir la solution et sont capables de se remettre en cause. Conscients de l'impact des dynamiques relationnelles et affectives sur la réussite, ils ont le courage de travailler sur le processus de deuil à faire pour aborder l'avenir avec des forces, une vision, une stratégie, un projet communs.

Les leaders multiplient les synergies et les intelligences, capitalisent sur les savoir-faire et pratiques gagnantes. Ils sont à l'écoute des préoccupations qui pourraient constituer des freins et, flexibles, s'adaptent aux événements.

Les leaders sont humbles et vivent selon le principe de réalité. Ils valident leur plan préliminaire, leur structure et leur approche avec employés et clients afin de poser les gestes essentiels. Ils visent l'intérêt collectif et pensent aussi l'impensable.

6

Naissance du projet

La nouvelle alliance est bilatérale, elle requiert la transmission du projet de société. Gestion partenariale : les êtres faisant partie d'une communauté sont co-responsables de la mission acceptée. Interdépendance. L'engagement inconditionnel appelle l'engagement inconditionnel et la satisfaction des besoins respectifs entre parties prenantes. Le projet contient un haut niveau d'exigence, une conception de la qualité qui atteint les sommets moraux : la noblesse de l'âme comme seul objectif. La médiocrité du cœur n'est pas de mise.

Le leader a assumé son rôle de médiateur. Tout le groupe est en attente. Mais aucun dirigeant ne peut à lui seul porter le changement. Gestion par la collégialité, le leader réunit les anciens. Il leur appartient d'être également porteurs du message éthique. Ils seront ses relais. Transporté, le groupe entier qui entrevoit l'espoir d'un monde nouveau, peu conscient des efforts qu'il lui faudra réaliser, promet son implication et son enthousiasme.

Tous les hommes se retrouvent face à eux-mêmes au pied du Sinaï. Au bout du chemin, il y a rencontre, se dit le leader. Nomades ou sédentaires, depuis des multitudes de générations les hommes avancent, foulant le sol et les sables et œuvrant sans répit. Ils ont de longues racines, mais leurs troncs et leurs branches ne s'abreuvent pas toujours de lumière. Ils ont entendu parler d'un temps cosmique, mais leur horizon a été confiné au temps d'une brique. Le travail a envahi l'espace humain.

Le leader empathique apprécie les êtres qu'il conduit, il les aime. Il est si difficile d'être homme et ils viennent de si loin. Des corps brisés, des cœurs humiliés, pour être debout enfin, pour aujourd'hui entendre le message qui leur parle de la capacité d'être semblables, puissants ou humbles, d'être frères. Écouter les paroles qui les entretiendront de la foi placée en chacun pour passer d'une dynamique de pouvoir à une dynamique de leadership et véhiculer un code éthique et aussi de la confiance qu'ils inspirent malgré leurs vulnérabilités, en dépit des pièges relationnels.

Cultiver et fertiliser. Déposer des graines d'amour, accompagner jusqu'à la maturité et laisser s'épanouir. Sa réflexion s'est enrichie à travers leur rencontre, étrangers, chefs, esclaves, tous « mêmes ». Parfois un regard, un bras tendu, une parole qui rassure vient de l'étranger et fait exister. Il a appris de son histoire, de sa vie et à leur contact. Derrière chaque visage, il y a cette éternelle aspiration des vivants à être reconnus et à exister, et la même angoisse de vivre et de mourir. Le visage est appel. Il a en leur compagnie rencontré l'humanité de l'homme et vu des âmes belles. Ils l'ont aidé à devenir ce qu'il est.

Plus que les palais et les ors, l'interaction l'a enrichi. Un jour il les quittera, nu mais comblé.

Le leader a l'intuition du moment où les hommes peuvent évoluer. Aujourd'hui ils aspirent à un à-venir. Peut-être même à des principes de vie. Événement médiatique sans pareil, les conditions optimales sont créées pour imprégner l'imaginaire collectif. Les directives sont données et transmises. Tous les êtres présents se préparent, mobilisés dans leur intégralité avant même l'événement. Management par une crédibilité nourrie de toutes les promesses tenues.

Le projet est un rendez-vous aussi avec l'imaginaire. Le groupe assiste à un impressionnant spectacle son et lumière en temps réel : tonnerre, éclairs, feux, brume, montagne fumante et tremblante. « Or, la montagne de Sinaï était toute fumante... et la montagne entière tremblait violemment. Le son du cor allait redoublant d'intensité. » Le message entre en résonance avec chaque âme. Tous les hommes entendent la confiance placée en chacun. L'humanité entière est au rendez-vous, hommes de pouvoir ou ouvriers. À jamais, chacun entend qu'il est plus grand que son corps physique, que ses peurs et ses illusions, et qu'il a une mission.

Le leader qui a si souvent rencontré la solitude durant son propre exil, en cet instant n'est plus seul. L'Exode prend sens, c'est le moment où la vie spirituelle de l'homme culmine. Les prisons mentales explosent. Dix paroles, « alphabet » relationnel, alphabet éthique.

Un appel à la responsabilité et à la solidarité

Révélation : le voile se lève sur le chemin de l'homme. Il se lève aussi sur la mythologie du management. La charte est celle des devoirs du cœur. Elle dit l'intemporel. Le leader doit aussi, comme tout un chacun, faire évoluer ses comportements. Il accompagne le passage de l'aliénation à la mission civilisatrice. Avec son groupe humain il chemine sur l'autre rive, celle de la transformation.

Les dix principes s'enracinent dans l'univers culturel que le leader prend la responsabilité de transmuer. Il y a si longtemps que ces paroles se construisent dans le cœur des hommes de bonne volonté, qu'il les porte depuis sa première sortie d'Égypte. Elles sont schisme total avec les symboles pharaoniques, ses pratiques de management, ses conceptions du travail et du temps.

Dix balises pour l'action juste. Un usage du pouvoir inscrit dans le sens. Sur la première table, refus de l'idolâtrie et reconnaissance de la conscience élargie. L'homme doit savoir d'où il vient. Sur la deuxième table, refus de l'égocentrisme et respect d'autrui. Il doit savoir où il va et comment il y va.

Dix paroles qui ne sont pas des ordres. Au futur, elles témoignent de la capacité humaine à se désaliéner de ses prisons pulsionnelles, mentales et affectives. Elles impliquent l'estime placée en chacun pour les transcender. Elles marquent l'origine de la conscience d'autrui. Le leader invite les êtres à une dynamique de vie constructive.

La qualité relationnelle est rencontre authentique de mortels qui dialoguent, s'expriment et entendent, se disent, consultent, s'interpellent, interrogent, remettent en cause, s'expliquent et expliquent, lient des espaces intérieurs et physiques, témoignent et transmettent, enjambent les ponts entre les solitudes humaines et celles entre pouvoir et travailleurs. Éthique universelle de la responsabilité : pour une intelligence relationnelle et une intelligence du cœur. Fondements intemporels de la solidarité et de l'interdépendance. Passage des faveurs accordées aux plus puissants, à l'impartialité et à l'intégrité. Nouveau modèle de management qui exige de chacun un éveil de sa conscience et un chemin d'introspection.

Adhésion au projet

Le leader reconnaît que toute souffrance, psychologique, sociale ou physique, est un frein majeur à l'adhésion au groupe et à sa cohésion dans la pérennité. Il appartient à chacun d'aller vers la vie, sans blesser ni physiquement ni moralement autrui. Sortie de toutes les servitudes. Dix paroles, base de toute civilisation humaine. Elles alertent sur le danger de se soumettre à tout pouvoir et sur les freins à la synergie des cœurs et des intelligences, à la pérennité :

> 1. *Danger d'une vision réductrice de l'homme, de son instrumentalisation et de son aliénation aux paradigmes du pouvoir qui dictent le temps humain et limitent les*

aspirations. *Pouvoir de la créature complexe, spirituelle, rationnelle et émotionnelle, capable de se libérer des liens de servitude.*

2. *Danger de l'asservissement aux autels érigés, à la valeur unique, au veau d'or, à un objet ou à un individu, à l'ambition d'autrui. Pouvoir d'entreprendre un chemin de verticalité.*

3. *Danger d'une parole sur autrui vide de sens : promesses bafouées, déni, tricheries mesquines, vœux pieux qui trompent. Pouvoir de la transparence et du dialogue authentique.*

4. *Danger de l'oubli de l'humanité de l'homme, en occultant le jour qui réhabilite l'espace-temps-sens intérieur face à l'angoisse de surconsommation. Pouvoir de l'homme accompli, jonction entre tangible et intangible.*

5. *Danger de l'oubli des racines, du rejet de sa lignée et de son histoire de vie. Acceptation du transgénérationnel et de la mémoire collective. L'homme peut assumer qui il est pour quitter son histoire sans désir de revanche. Et transformer. Pouvoir de se donner un destin individuel.*

6. *Danger de l'irrespect de la vie émotionnelle ou physique. Le vécu intérieur est sacré. Zéro-arrogance, zéro-indifférence, zéro-toute-puissance sur autrui. Pouvoir du respect de la personne.*

7. *Danger d'utiliser autrui pour satisfaire ses besoins immédiats. Zéro-humiliation, zéro-blessure émotionnelle. Pouvoir de la rectitude et du geste juste.*

8. *Danger de déposséder la personne du fruit de son œuvre. Le temps du travail est temps de vie. Pouvoir de valoriser les idées et les contributions.*

9. *Danger d'un discours trahison, d'un mot assassin. La parole peut être violence et souffrance. Elle régénère ou détruit. Pouvoir de la dignité et de la fierté.*

10. *Danger de l'envie, de la convoitise et de la jalousie, des sentiments destructeurs qui créent les dissensions, la méfiance et la recherche des boucs émissaires. Pouvoir de l'intention, énergie sur le monde.*

Pour une culture porteuse d'avenir

Les dix paroles témoignent de la vulnérabilité des sentiments humains, de leur force et de la capacité à en sortir grandi. De plus, les principes de gestion qui découlent des paroles évoquent les trois défis majeurs auxquels chacun fera face dans le cours de son existence :

➢ celui d'une gestion par des pratiques économiques et sociales complémentaires ;

➢ celui de l'équité de traitement entre tous ;

➢ celui de la transcendance à travers l'œuvre humaine.

Le leader se doute que ces enjeux, pour devenir des leviers, supposent des paysages mentaux différents, un élan du cœur et des règles de vie d'une grande exigence. Pour qu'une culture traverse le temps, ses valeurs doivent témoigner des plus hautes aspirations humaines et s'actualiser de manière consistante à travers des rites, des pratiques et des procédures.

Diffuser une culture de la responsabilité : une autre vision du monde que celle du déterminisme, de l'impuissance et de la toute-puissance. Le leader souhaite les aider à rompre avec les comportements du passé et favoriser des itinéraires humains.

Le premier enjeu implique une gestion par des valeurs complémentaires. Elle nécessite, pour se transformer en mouvement positif, une conception du travail qui réhabilite l'être, travailleur ou chômeur : « Six années tu ensemenceras la terre et en recueilleras le produit, mais la septième, tu lui donneras du repos et en abandonneras les fruits pour que les indigents de ton peuple en jouissent. »

Un leader ne peut occulter que travail et chômage ont un impact réciproque. Le travail participe à une œuvre créatrice de sens et d'identité. Sens sans lequel l'identité se désintègre. De plus, il n'est pas question de « charité », mais de redistribution des richesses et de « solidarité sociale ».

Chacun contribuera à son propre bien-être matériel et spirituel par le temps consacré au travail et ainsi qu'à son ressourcement. Et ceux qui ne peuvent jouir des mêmes privilèges doivent aussi garder leur dignité.

L'éthique du travail est liée à celle de l'environnement, comme à celle de la société. Toutes les sphères de vie sont reliées. Le travail implique le devoir social de partager les surplus de la septième année, et le devoir environnemental

Pouvoir ou leadership ?

de participer à l'amélioration de sa planète en la cultivant. Un nouveau paradigme germe également : passage de l'accumulation des biens par les plus forts, au partage des richesses. La productivité et la rentabilité peuvent être régulées, et un septième de la production revient à ceux qui n'ont pas de travail et de revenus.

La solidarité s'ancre également dans les devoirs sociaux et environnementaux. Les dirigeants favoriseront un meilleur équilibre entre objectifs organisationnels et humains. Ils ont la capacité de se mettre dans une dynamique de responsabilisation et de contribution. Les valeurs apparemment antagonistes sont conciliables.

Le deuxième enjeu de l'équité individuelle exige, pour devenir élément de dynamisme, de tenir compte du fait que toute relation suppose une responsabilité inaliénable. Le groupe avait vu et subi trop de chefs qui avaient accédé aux plus hauts rangs par leurs intrigues, leur filiation ou leur intransigeance. Ni favoritisme ni exclusion. Ni abus de confiance, ni humiliation, ni outrage, ni offense ne seront des pratiques de management valorisées. Le respect commandera toute relation. Au mépris, à l'indifférence et la violence, il sera répondu par un refus d'impuissance.

L'éthique relationnelle exige la réciprocité, chemin à deux voies. L'équité est une valeur importante : traitement égal dans tous les rapports humains. L'homme a l'obligation de faire : « Payer corps pour corps ; œil pour œil… » À chaque action, un prix : loyauté pour loyauté, respect pour respect, exploitation pour exploitation.

Récompense ou sanction, toute vie a même poids : « Le prix de l'œil pour l'œil. » Compensation et indemnités. Le corps, les sentiments ou les biens de ceux qui détiennent le pouvoir ont même valeur que ceux du plus démuni.

La loi du Talion est amour et équité, et participe à la culture de la responsabilité. Celle-ci passe par une culture de valorisation, mais exige aussi une culture où la sanction n'est pas occultée et encore moins l'impunité des plus forts. Aucun assujettissement au pouvoir des plus grands. Aucun sacrifice, aucune prison de peur, aucune victime ne sera livrée au caprice des plus grands ou des groupes. Chacun aura à assumer les conséquences des gestes qu'il a posés. Jugement, la loi du Talion est aussi prévention. Elle montre qu'il y a en tout temps « une rectitude de la conduite ». Pour que le sentiment d'appartenance et de solidarité pérennes se développent, aucune iniquité.

De plus, ne peut garder sa dignité celui qui violente et est absous de toute réparation. Rigueur et amour, cette loi appelle victimes et bourreaux à la verticalisation. Chacun doit s'éveiller à la conscience qu'il ne sera ni despote ni bouc émissaire, et sortir de la relation de dominants à dominés, de la chaîne infinie des répétitions sociales qui se transforment en prisons mentales et affectives collectives. Ni toute-puissance, ni impuissance, mais « puissance relative » de l'homme, des groupes et des collectivités.

Le troisième enjeu de la transcendance de l'œuvre implique que seul ce qui transcende l'homme demeure. Le leader aimerait bien trouver comment enraciner ces évolutions au quotidien. Relever ce défi exige que l'excellence au travail, comme l'excellence relationnelle, s'ancre dans les pensées, statuts, rites, procédures, rôles, missions et systèmes. Pour perdurer, une culture doit s'inscrire dans une tradition à laquelle chacun aura accès et qu'il pourra perpétuer à travers toutes ses interactions.

La charte de management est écrite, elle sera le fondement des pratiques de communication, de formation et d'accompagnement.

« Fabriquer l'homme, c'est lui dire la limite. » Les principes doivent éclairer l'action afin que l'homme ne profite du flou pour se déresponsabiliser ou trouver des boucs émissaires et des alibis. Il s'agit également de pratiquer, l'apprentissage s'ancre dans l'action. Et de rappeler à chacun qu'il est sur une route d'accomplissement.

En retraite, le leader cherche l'inspiration. Loin des bruits du relatif, il a plus accès à son intuition, à l'essentiel. L'homme consacre six septièmes de sa vie au travail ; ce temps de sa vie est co-créateur d'une œuvre commune qui participe à l'avancement du monde. Sa création est spirituelle et matérielle. Elle rend compte de ce qu'il fut, de ce qu'il est, de ce que sera l'humanité. L'œuvre la plus humble est opportunité de s'élever. À travers chaque geste l'homme peut se dépasser. Toutes les conditions optimales pour l'amélioration continue seront énoncées et constamment rappelées.

Le travail est une œuvre collective

L'œuvre collective commence par un haut niveau d'exigence dès sa conception, « ... des aromates de premier choix ». Pour le leader, la qualité est une attitude d'esprit qui se décline dans les procédures, dans les systèmes et dans les comportements de chaque instant. Elle passe par une définition des rôles et par l'identification des compétences et des talents.

Elle est aussi avant tout don de soi et invitation au partenariat. La qualité ne s'impose pas, ne se décrète pas : « Invite les enfants d'Israël à me préparer une offrande : de la part de quiconque y sera porté par son cœur... » Elle est œuvre de désir et permet d'optimiser les ressources individuelles.

De plus, elle sera portée par le plus haut niveau d'autorité, elle requiert l'exemple des dirigeants. La direction de la qualité se confie au leader, maître d'œuvre ultime. Le don du cœur n'exclut pas une gestion rigoureuse. Sa création requiert une vraie réflexion préalable : « Médite... et exécute... » Chacun doit prendre du recul et être dans la conscience de l'action à accomplir, dans la signification du travail qui est contribution à l'humanité de l'homme. Ensuite seulement il exécutera le plan conçu. La qualité suppose « un sujet pensant, agissant », non des exécutants qui n'ont qu'une vue tronquée de leur apport à la réalisation de l'œuvre.

Les procédures sont spécifiées. La supervision des travaux est confiée à quelques garants des valeurs. De plus, chacun donnera de manière équitable, permettant au plus

dépourvu de garder sa dignité : « Le riche ne donnera pas plus, le pauvre ne donnera pas moins... »
Création va de pair avec valorisation et optimisation du potentiel : « J'ai désigné Beçalel... je l'ai rempli d'une inspiration divine, d'habileté, de jugement, de science, et d'aptitude pour tous les arts. » Les rôles et missions sont clairs. La création de l'œuvre humaine ne supporte pas le flou des plans, des procédures et des responsabilités. La confiance est donnée à celui à qui la mise en œuvre sera confiée.

Un temps de ressourcement est requis pour se libérer de l'assujettissement au court terme. Chacun a le droit et le devoir de prendre cinquante-deux jours de qualité totale par année, de disponibilité pour l'essentiel, afin de ne jamais oublier l'impact de son action dans l'œuvre du monde. Les statuts contenant la philosophie de gestion et les comportements qui la renforcent sont remis pour transmission à la collectivité. Hautement exigeante, la philosophie managériale est maintenant claire pour tous.

Leadership organisationnel

Malgré son enthousiasme, idéaliste mais réaliste, le leader s'avoue qu'il est difficile d'amener à bon port son groupe. La gestion du changement passe par le développement du leadership individuel, mais aussi par l'accompagnement soutenu de toute l'organisation. C'est le leader en premier qui doit montrer où sont les priorités.

Le dirigeant et son équipe essaient de théoriser ce qu'ils ont appris durant cette traversée. Ils le valident avec des personnes à tous niveaux qui ont souvent une bonne intelligence de la situation. Ils font ensemble le bilan des vulnérabilités, ils savent qu'ils ne peuvent tabler sur leurs forces car de nouvelles assises doivent être développées pour mieux évoluer dans le nouvel environnement. La connaissance des faiblesses vues par le plus grand nombre permet de poser les gestes essentiels qui redirigent l'action. Ils ont donc à relever les quatre défis stratégiques de tout temps, qui permettent de poser des fondations solides :

> *Premier défi.* C'est celui de clarté de la vision, des missions, des rôles et des attentes respectives. Le projet, comme sa traduction dans une œuvre d'amélioration continue, requiert une équipe de management qui a des repères clairs, qui exprime ses attentes, et que celles-ci soient entendues par le niveau hiérarchique supérieur. La culture du flou concourt à la création de silos, aux cloisonnements, à la compétition interne et à l'absence de focalisation sur les priorités. Ces dimensions se révèlent peu favorables à la pérennité. Aussi le leader clarifiera-t-il la vision et les responsabilités et fera savoir à quelles attentes il peut répondre.

> *Deuxième défi.* Il n'existe pas de défi de structure, mais des défis de culture. Celle-ci est intimement liée aux pratiques de communication et aux jeux de pouvoir en place. Aux temps pharaoniques, la structure reflétait les mentalités des fonctionnaires

Pouvoir ou leadership ?

publics et des dignitaires, le pouvoir par le cloisonnement, la division des castes, des cœurs et des intelligences. Une entreprise humaine où la transversalité n'est pas vécue et la synergie des cœurs peu suscitée, ne peut atteindre le leadership durablement. Pas plus, si la circulation de l'information, des savoirs et des personnes ne vient nourrir les équipes et en faire un lieu de vie ouvert sur le monde. L'organisation sera le reflet de la philosophie : un réseau de réseaux. L'autonomisation et l'accompagnement seront plus efficaces dans ce climat favorable à la responsabilisation individuelle et collective.

> *Troisième défi.* C'est celui de gestion de la qualité. Or la structure, les processus, les normes et les procédures ne peuvent remplacer un management crédible qui vise le meilleur dans toutes ses actions, conclut le comité des sages. Sensibilité et rigueur. La conception de l'œuvre, le choix des matières premières et la pertinence des outils, les compétences et les désirs des participants, la mise en œuvre et sa valorisation, exigent aussi une gestion par des valeurs complémentaires. Les vrais défis de la qualité, des produits ou des services, sont le plus souvent des défis humains, relationnels et de cohérence des dirigeants entre ce qu'ils disent valoriser et ce qu'ils font dans la réalité.

> *Quatrième défi.* Celui des systèmes de gestion des ressources humaines. Chaque outil participera à ancrer la culture nécessaire à la réussite individuelle

et collective. Préparer l'avenir implique une réflexion globale et stratégique sur le projet, sur les défis, mais aussi une réelle implication aux plus hauts niveaux sur les systèmes de management, depuis l'identification des critères et profil du leadership, leur évaluation, leur recrutement et leur promotion ou leur sanction, jusqu'à l'accompagnement des évolutions individuelles des personnes à haut potentiel, et à la préparation des successeurs. De plus, un management situationnel et une gestion de la performance seront favorisés. Le leadership de toute entreprise humaine passe par le leadership des hommes qui la composent et par une pensée visionnaire.

Conduire les évolutions exige donc de faire également du management situationnel. Le leader chemine avec ceux qu'il dirige, en apprentissage permanent. Il est vrai que la qualité de l'enfance prépare à l'accompagnement des hommes, mais on ne naît pas leader. Aussi Moïse apprend-il son rôle, avec douleur souvent quand il se rend compte de ses limites et des leurs. Et dans l'espoir et la joie parfois lorsqu'il voit qu'eux aussi reconstruisent le monde, créent et transforment.

Naissance de la crise : un combat de valeurs

Il va maintenant sur la montagne avec son dauphin Josué, qu'il a longuement préparé à son futur rôle. Il compte également sur le comité des anciens pour prendre les décisions nécessaires durant sa retraite.

Le leader a-t-il pris toutes les précautions ou escompté que la vision et la communication du projet, les systèmes fraîchement élaborés conjugués à l'événement médiatique, seraient suffisants pour réussir le renversement culturel ? Il réfléchit à la future charte de management, intègre les principes et les préceptes nécessaires à la vie en commun. Il se pose la question à laquelle les leaders doivent un jour répondre : le sens de leur action dans le monde.

Or pendant ce temps, son groupe bout d'impatience, ignorant le déroulement et l'importance cruciale de cet événement. Le temps est trop long pour ceux qui en disposent à profusion. Le leader tarde à descendre de sa retraite. Inoccupés, ils n'en peuvent plus. Ils sont face à eux-mêmes, à leur ambivalence, aux conflits des paradoxes qui les habitent, des tensions qui les déchirent. Face à la responsabilité de grandir et de s'appuyer sur leurs propres forces, de bâtir un ancrage intérieur.

Mais il a mésestimé la puissante attraction des contradictions qui sommeillent en chacun, et que mis face à eux-mêmes, les êtres qui ne se sont pas encore suffisamment construits, peuvent régresser, découragés par l'effort à faire pour s'autonomiser. Il n'a pas été suffisamment vigilant. Or le poids des habitudes lie l'imaginaire, le façonne. La tentation est trop forte de replonger dans le confort de l'irresponsabilité. Sous l'homme de pouvoir, nulle opportunité pour faire l'expérience du courage. Toutes leurs actions étaient jadis guidées par la culture dominante où chacun, passif, subissait son influence, incapable de réinventer de nouvelles pratiques, de se donner une autre direction. Aussi ils se reprennent à penser à la joie et au soulagement des plaisirs pulsionnels, seul domaine d'exercice de leur puissance personnelle.

Bientôt ils exigeront. Le chemin de cohérence est tellement ardu. Garder en tête la vision et le projet nécessite un accompagnement indéfectible. De plus, ils doutent encore de leur capacité à sortir de leurs Égyptes intérieures. Modelés par des décades de servitude, ils croient que le changement ne peut venir que de l'extérieur. L'homme de pouvoir a pris soin de ne pas les autonomiser.

Aaron, délégué du leader et chargé des communications internes, homme de paix reconnu pour ses capacités de conciliation dans la gestion des conflits, est sollicité pour céder aux désirs immédiats de l'ici-et-maintenant. Ils réclament un nouveau dieu du moment, un nouvel assujettissement qui les libère de la responsabilité de se prendre en main.

L'instant est crucial. Que peut Aaron face à ceux qui brûlent d'impatience devant le temps qui leur est donné pour devenir plus réceptifs à l'éthique proposée ? À ceux que le temps n'apaise pas, mais en qui il exacerbe les conflits non résolus, à ceux qui ont peu appris à progresser dans la solitude de la réflexion. Il ne sait comment agir face à ces entités dont l'homogénéité culturelle est encore loin d'être réalisée. Il n'a pas prévu l'ampleur de la crise, pas plus que les résistances à l'œuvre. Il réagit : désarroi et peur.

Pouvoir ou leadership ?

Être leader implique d'anticiper, d'être suffisamment proche des hommes pour prévenir la crise et savoir comment les conduire. Il n'a pu montrer les capacités de leadership et la crédibilité requises pour gérer la transition nécessaire. Il croit peut-être que son rôle de communicateur consiste seulement à transmettre des informations et à mettre des gens ensemble. Suffit-il d'être nommé délégué pour ne pas faillir, et a-t-il le potentiel requis pour être un leader ? Devant le groupe en quête de satisfaction immédiate, oublieux des objectifs communs, il cède.

Abus de pouvoir ou responsabilité du leader qui a trop rapidement délégué, insuffisamment écouté le pouls de son groupe, qui a présumé de la force morale de son adjoint, de sa capacité à gérer une vraie crise. Or l'homme du consensus a cédé, pour plaire et être aimé et reconnu. Il a de la difficulté à trancher. L'homme de pouvoir, comme l'homme de consensus, est animé par sa dynamique de reconnaissance.

Le leader a mésestimé les vulnérabilités de son collaborateur. Comme souvent, le manque de préparation de la relève demeure le talon d'Achille des ensembles humains. La situation est également complexe : antagonisme des sous-cultures et affrontement de valeurs entre des groupes qui n'ont pas encore réussi leur fusion, influence de certains dignitaires qui avaient quitté l'Égypte en même temps que les ouvriers. Il est si enivrant de retourner aux cultes et paradigmes enracinés dans quatre siècles de culture dominante.

Ultime combat des places avec son frère ? Aaron cède, au doute, à l'impulsion, au pouvoir conféré par la foule, à ce qu'il n'a pas résolu de sa propre histoire. La résistance se traduit dans un rejet des fortes exigences de la nouvelle culture. Refus des efforts dans la durée, fuite en avant et évitement du temps de la conscience.

Les décisions de chefs, comme de tout un chacun, sont loin d'être rationnelles. Bien souvent affectives, elles ont un impact sur ceux qui les décident et ceux qui les subissent. Pouvoir du pouvoir : sa décision fait régresser ou progresser l'humanité. Affolé, exalté par l'autorité conférée, le délégué flanche. Ivre de puissance, il jouit de ce pouvoir nouveau qui le distingue entre tous. Dans leurs têtes, chefs et ouvriers, sont encore dans leurs prisons intimes. Construisant le veau d'or, ils déifient le court terme et l'égocentrisme et prouvent la puissance des paradigmes.

Ils disent également la profonde ambivalence humaine : chacun peut être à la fois bon et mauvais, l'excellence humaine n'existe pas. Les leaders, comme tout un chacun, sont imparfaits, ils ne réussissent pas tout et pas toujours. Les chefs sont faillibles et font des erreurs. Chacun est responsable de sa croissance.

Gestion de la crise

Une rationalisation totale, brutale, ainsi qu'une nouvelle mission sont proposées au leader : réécrire l'histoire avec

Pouvoir ou leadership ?

une autre collectivité. Son rôle de dirigeant sera préservé, le prestige lui est offert. Mais Moïse est en état de choc. Il ne peut croire qu'ils ont accompli un geste irrémédiable remettant en cause l'intérêt collectif. Il refuse la sentence, intercède, débat, implore.

De plus, à l'heure de la crise, un leader n'abandonne pas son groupe pour se donner une nouvelle chance. C'est dans le conflit que les chefs se révèlent, soucieux de la cohésion du groupe et de sa pérennité. Depuis son enfance, il n'a pas de revanche à prendre ni d'ambition personnelle démesurée. Sa motivation est mue par cette vocation, ce sens qu'il veut donner à son passage, avec ces êtres en qui il croit malgré toutes leurs faiblesses. Vulnérables, ils sont aussi capables d'émerger d'eux-mêmes. Cette vision qu'il a de l'humanité de l'homme, il sent, il sait qu'ils la portent aussi, et que le pouvoir ne leur a pas appris à la rencontrer en eux.

Implication totale du leader. L'échec de l'entreprise est son propre échec, l'échec du projet est l'échec de tous. Il essaie de comprendre. Les fondations étaient encore peu solides en ce début de transition. Bien plus, il doit demeurer cohérent avec son choix.

Incrédule, il use à nouveau du droit d'interpeller sa hiérarchie. Le leader joue son rôle de médiateur entre les deux solitudes. Il lui rappelle également son engagement. Il importe de se souvenir que la décision ne doit pas être une réaction, mais une action.

Il redescend, redoute ce qu'il va voir, s'inquiète de ce qu'il va trouver dans le campement. Il imagine le pire, croit-il. Il refoule rapidement ses peurs, optimiste il espère. Et là, au détour d'un autre buisson, « ... il aperçut le veau, les danses ». L'homme est capable de tous les possibles destructeurs et bâtisseurs. Aux temps premiers, il se souvient, « la terre n'était que solitude et chaos ». La lumière vient-elle après les ténèbres et la nuit se lèvera-t-elle sur l'humanité ? Son cœur bat si vite. Il les voit en perte de repères et de sens, dans la confusion première. Ils sont leurs propres geôliers. Sa tête tourne. Il entend les clameurs. Lui aussi hurle. Solitude du leader. Désillusion : entre le rêve et la réalité, un gouffre. Ils retournent au néant, à la masse indifférenciée irresponsable, à l'anonymat.

Liberté sans imputabilité. Mise à mort du « Je », debout devant les générations. Résurgence du « on » déresponsabilisant. La colère et le chagrin étreignent sa gorge. Pour le leader, la crise doit immédiatement être transformée en opportunité. Chaque événement peut être civilisateur. Il s'agit de prendre une décision qui instaurera la cohérence comme trame de la stratégie. L'intérêt collectif demeure la seule référence, surtout en cas de crise.

Le moment n'est pas à la compassion, mais à la rigueur. Justesse de l'acte : « ... Il jeta de ses mains les tables et les brisa au pied de la montagne. » Les leaders savent d'instinct quand le moment n'est plus au consensus et à la collégialité. Dans les instants graves, il leur appartient de trancher. Lorsqu'ils sont proches de la réalité du terrain et de l'environnement, et qu'ils portent la vision, alors ils posent le geste approprié.

Crépuscule des âmes. Le fracas des tables ébranle encore parfois les montagnes. Il interroge maintenant son frère Aaron. Il lui avait délégué la responsabilité de guider un moment cette société en gestation. Il implore une explication, du sens : « Que t'avait fait cette communauté... »

Le leader apprend que le management est responsable des vulnérabilités de son équipe. Autant que la collectivité, son fondé de pouvoir a failli. Erreur de jugement : ce dernier n'a pas le sens du comportement essentiel. Le dirigeant doit conduire son groupe au fur et à mesure des étapes de son évolution. Et chacune est différente selon son niveau de maturité, l'histoire de l'organisation et le contexte dans lequel elle se meut. Management situationnel dans la vie d'une organisation. Le projet collectif est en danger faute d'un encadrement responsable et conscient de la dimension de son rôle, à cause de l'absence du mentor auprès du délégué de pouvoirs, tout comme de l'absence de motivation et de détermination des personnes. Toujours, co-responsabilité.

Aaron reconnaît sa faiblesse, mais se défend et blâme la collectivité. Or un leader n'accuse pas autrui. Il sait que les clés du succès ne résident pas seulement dans l'environnement et ses opportunités et ses menaces, mais aussi dans ses propres capacités. Reporter la responsabilité sur des événements extérieurs c'est nier sa puissance d'influence, prétexter son impuissance ; or celle-ci est très souvent relative.

Chaque dirigeant est responsable, gardien des valeurs, gardien de ses frères. Colonne vertébrale de la civilisation.

Maintenant, il déplore les erreurs de son délégué et leurs conséquences sur la folie interne et l'image externe. Il doit se résoudre au fait que son adjoint ne peut devenir un grand chef. Celui-ci confond culpabilité et responsabilité, il est encore dans les paysages mentaux de la pyramide, où la hiérarchie se protège et les autres sont désignés coupables et en faute. Il est encore dans les schémas du pouvoir où la recherche de boucs émissaires, le renvoi de balles et l'alibi constituent la norme.

La logique n'est pas de mise. L'alliance est rompue avec tous ceux qui ont ébranlé les fondements du groupe si difficilement constitué. L'engagement à l'intérêt collectif, critère ultime en situation de crise, dépasse tout autre engagement. La culture de valorisation implique une culture de la sanction.

Où le droit à l'erreur n'est pas une valeur

Le leader se rend compte que la gestion par les valeurs est processus, régression et progression. Elle passe par une adhésion inconditionnelle du management, et par l'équilibre entre compassion et rigueur. Toutefois, si le leader conçoit la tolérance à l'erreur, il n'instaurera pas le droit à l'erreur comme pratique de management. Cela induirait une culture favorisant les erreurs et leur multiplication, et de ce fait participerait à mettre en place des pratiques d'irresponsabilité peu congruentes avec une culture de solidarité.

L'erreur ne peut devenir une valeur. Aucun ne peut fuir son devoir de bien faire ce qu'il est appelé à réaliser. Toutefois, chacun se mettant sur une voie d'amélioration continue, il est important de capitaliser les enseignements tirés des erreurs, sans juge des personnes, mais dans la lucidité du diagnostic, de la complexité de la situation, et dans l'identification des solutions pertinentes.

Car aucun acte n'est neutre et sans répercussion, parfois même il continue d'avoir un impact sur la descendance : « Il supporte le crime, la rébellion, la faute, mais il ne les absout point... jusqu'à la troisième et à la quatrième génération. »

L'irresponsabilité a des conséquences sur plusieurs générations. Chaque être reçoit en héritage les « cryptes » et les fantômes de sa lignée. Nous payons les conséquences des gestes posés ou non, des paroles dites ou tues. La responsabilité est transgénérationnelle. Les conséquences de chaque acte se perpétuent dans les familles comme dans les collectivités humaines. Un homme émet une pensée, s'engage dans l'action, et une révolution peut émerger qui se réalisera à l'instant, ou sera portée par d'autres générations, les asservissant ou les autonomisant.

L'intention même est acte virtuel.

Demande de reconnaissance du leader

Le groupe doit maintenant se construire un destin. Mais les épreuves ont été rudes pour le leader. Sa solitude est grande. Il tente de prendre du recul pour comprendre le sens de cet événement. Modelés, moulés, ils ne savent pas qu'ils sont chrysalide et papillon. Il ira vers eux.

Tout d'abord, à l'heure des doutes et de la remise en question, le leader doit retrouver un ancrage intérieur, et faire clarifier sa mission. Le dialogue est demeuré authentique avec son Dieu-mentor, ils se parlent « face à face », dans un dialogue fécond entre interlocuteurs qui s'estiment et se respectent. Il confirme qu'il ne peut être partout, il n'est pas omnipotent. Il a besoin d'aide. Il exprime alors ses attentes et ses besoins pour mieux gouverner. Il veut des informations sur celui qui lui sera adjoint.

Si les anciens constituent une équipe de réflexion et de soutien, il n'en demeure pas moins que le comité stratégique est plutôt réduit puisque Aaron n'a pas joué son rôle. Il aurait pu être leader lui aussi et donner son support à son chef et frère, lui préparer le terrain, l'aider à réussir. Les capacités de leadership ne concernent pas exclusivement leur mise en mouvement vers les subordonnés et les pairs. Les leaders accompagnent aussi leur hiérarchie, favorisent un climat de confiance et lui facilitent la prise de décision. Moïse a donc besoin d'un autre adjoint pour mieux conduire ces entités disparates, quelqu'un sur qui compter davantage. Il se rend bien compte que la gestion de la diversité culturelle, comme le management transculturel, ne sont pas spontanés. Il n'est pas aisé d'intégrer les différences qui engendrent inévitablement des malentendus et des conflits.

De plus, à l'inverse des hommes de pouvoir, les leaders ont besoin de repères et de retour sur leur personne pour avancer véritablement. S'il a été réellement distingué pour ce rôle, alors il lui faut une relation privilégiée. Il confirme la direction à prendre pour s'assurer de répondre aux attentes et se sentir valorisé. Comme chacun, le leader aimerait faire estimer sa contribution et développer une relation de partenariat qui lui permette une appréciation mutuellement bénéfique. Il voudrait « ... mériter la bienveillance ». Chacun a besoin d'un retour sur son action pour mieux se situer et poser les gestes appropriés.

Une stratégie d'expansion ?

Il est maintenant temps de partir et de continuer le parcours entrepris. Le dirigeant met tout en œuvre pour protéger cet ensemble humain contre les menaces externes qui le guettent. Malgré tous ses efforts, il demeure prudent. Sa communauté n'a pas bâti une adhésion ni des fondations suffisantes pour développer une stratégie d'expansion. Il ne peut prendre le risque de faire se fusionner d'autres groupes culturels, ni friser la scission à vouloir intégrer trop vite des sous-cultures en décalage profond.

Consolider en premier. Le leader sent qu'il lui faut écrire les fondements essentiels pour la cohésion future. Il monte à nouveau sur la montagne où un nouveau pacte est conclu et revient avec la charte des devoirs du cœur qui liera les hommes quel que soit leur genre, leur ethnie, leur statut.

Il est prêt à élaborer le projet. Nourri de son énergie créatrice, il rayonne. Le sens a de nouveau droit de cité. Les personnes réunies peuvent à peine supporter son charisme. Il apporte une lumière dans la confusion et l'incohérence. Il dégage l'enthousiasme, ayant trouvé une certaine plénitude dans la force du sens. Il réitère son message.

La participation à l'œuvre humaine n'est pas qu'intelligence rationnelle, mais aussi intelligence relationnelle, générosité et excellence du cœur. La qualité n'est pas incantation. Elle est contribution de tous et demeure la responsabilité ultime du leadership. Moïse examine tout le travail et termine sa tâche.

Le leader est développeur de conscience. La gestion de la diversité exige de rompre avec toutes les pratiques des temps pharaoniques, de redonner du sens à l'action : « ... Ne les imitez pas, et ne vous conformez point à leurs lois. » Il leur dit que le travail est mise en commun des efforts, des expériences, des expertises, des capacités, des talents et des habiletés de gestion, et solidarité. Ce qui soudera ces sous-cultures, c'est vraiment le sentiment de justice sociale. L'équité est au cœur des aspirations des travailleurs. « Même législation vous régira, étrangers comme nationaux. » L'œuvre commune est opportunité pour le dépassement de soi, amour et équité, éthique relationnelle.

Il passe maintenant des jours avec eux, il répète de manière constante, congruente, que l'œuvre humaine est verticalisation, et passe par l'élan vers autrui : « Si ton frère vient à déchoir, si tu vois chanceler sa fortune, soutiens-le, fût-il étranger et nouveau venu… »

Il les sensibilise aux dix formes de pouvoir des uns sur les autres, dix pièges relationnels qu'il s'agit de transformer en dix pratiques sociales : zéro-médisance, zéro-mesquinerie, zéro-extorsion, zéro-exploitation, zéro-favoritisme, zéro-humiliation, zéro-indifférence, zéro-vengeance et rancune, zéro-violence et débauche, zéro-iniquité. La qualité est relationnelle et sociale, elle vise la cohésion et le dialogue. Bouleversement des univers mentaux pour bâtir la confiance. Passage de l'univers pharaonique à une terre de la gestion par les valeurs.

Crise du comité stratégique et recherche du bouc émissaire

La structure est repensée en fonction de la synergie nécessaire. Elle reflétera à la fois la réalité des contraintes sur le terrain et la philosophie de management. « … Une véritable organisation, multidimensionnelle et interactive… ni pyramidale, ni hiérarchique… quatre groupes de trois distribués selon les quatre points cardinaux... cette distribution se veut intégrative et non pas ségrégative. »

Réseau de douze entités vivantes et spécifiques, partageant une philosophie de gestion et des principes communs. Par groupes de trois pour couvrir une région géographique et se révéler plus adaptatives que l'organisation pharaonique qui délègue le contrôle aux fonctionnaires, mais leur laisse peu de pouvoir réel de décision, et peu de place pour les spécificités culturelles.

Onze d'entre elles auront un territoire et une infrastructure. La douzième, « réseau des réseaux », sera plus fonctionnelle, en charge du portage du projet, de la communication, de la politique de management des ressources humaines et de la qualité. Elle favorisera l'ancrage des valeurs dans les comportements. Elle assurera la coordination transversale. La transmission de la mémoire et de l'expérience, des savoir-faire et des savoir-être, demeure une de ses pratiques privilégiées. Elle a pour responsabilité la communication du sens et nourrit ainsi les onze entités. Loin d'être gérée par une autorité centrale, cette structure est mentor pour la collectivité. Chacun peut s'y référer. Comme tout réseau, celui-ci « ... peut continuer à fonctionner lorsqu'une partie plus ou moins importante de son infrastructure est détruite... Tous les nœuds du réseau sont égaux en droit, chacun ayant autorité pour recevoir et transmettre des messages ». Les principes relationnels permettent la solidarité et l'interdépendance, typiques d'une communauté de nomades ouverte sur le monde.

Il avait ainsi validé son idée : la restructuration régionale devrait apporter une meilleure autonomie locale, favoriser l'anticipation, la réactivité, et permettre la déclinaison des objectifs et de la stratégie, tout en respectant les spécificités locales et régionales, et le développement de comportements plus fins de veille externe.

La prise de décision se transversalise en même temps qu'elle est décentralisée dans les entités. L'une éthique et stratégique, les onze autres plus opérationnelles grâce à cette répartition en équipes indépendantes et autonomes disséminées à travers les territoires. Réseau de onze réseaux. La bureaucratie ou l'administration ne sied pas à une mentalité d'hommes en mouvement. Pas d'entité responsable pour les autres, mais des hommes responsables de leurs échanges commerciaux et affectifs.

Passage de l'univers clos de l'organisation pyramidale pour une gestion planifiée de l'ordre, à la gestion de l'imprévisible, tenant compte d'un monde complexe géré par des hommes complexes. Naissance et mise en place d'un réseau de réseaux interactifs et interdépendants qui coopèrent. Naissance des principes pour un « être-ensemble » apatride, sans chef, sans pouvoir suprême. Pour une communauté de désir et un désir de communauté.

Le groupe continue ses pérégrinations. Mais rien n'est acquis. Le dirigeant doit affronter une nouvelle crise, celle du combat interne pour le pouvoir. Il découvre à ses dépens que le management a un cinquième défi à relever : celui de la cohésion au sein de sa propre équipe de direction.

Dans le noyau du leadership, il y a jalousie, rébellion et résistance au changement. Le dirigeant réalise que ce n'est pas parce que le management a participé à l'élaboration des valeurs, du projet et de la structure, qu'il est motivé et cohérent. La cohésion de l'équipe dirigeante n'est jamais gagnée : Myriam et Aaron médisent de leur chef et frère. Ils contestent sa légitimité. Bien plus, ils revendiquent tout le pouvoir.

Le leader essaie de se remettre en question. Dans toute situation, il y a co-responsabilité. Il se demande s'il a insuffisamment valorisé ses deux adjoints, compagnons jusqu'alors indéfectibles, s'il a succombé à l'arrogance envers eux, s'il a négligé ceux qui de surcroît sont des membres de sa famille. Le leader est-il trahi par sa garde rapprochée ? En fait, ceux-ci désirent comme toujours plus de puissance. Conflit pour un espace d'action plus vaste. De nombreux adjoints, des seconds veulent souvent être premiers. Aaron et Myriam n'ont pas compris qu'alors que le pouvoir se gagne sur autrui, le leadership, qui est crédibilité gagnée, est confié.

Le leader sait que les sentiments destructeurs et les rumeurs peuvent déconstruire le sens du voyage, déstructurer la réalité qui se bâtit. Il a trop de noblesse d'âme pour se défendre personnellement. Les raisons et critères qui ont conduit à son choix donc sont explicités par la plus haute hiérarchie : « Moïse est mon serviteur, de toute ma maison c'est le plus dévoué. Je lui parle face à face, dans une claire apparition et sans énigmes… »

Le désir de contribution et l'authenticité fondent le leadership. L'absence d'esprit d'équipe au cœur de la direction est intolérable, ainsi que la tentative de discrédit du dirigeant. Le projet vise la constitution d'un groupe, sa synergie et sa solidarité. Rigueur à nouveau envers ceux qui minent la cohésion nécessaire. Une fois de plus, les besoins individuels ne supplanteront pas l'intérêt commun.

Peur de réussir, peur d'échouer

Le moment est venu d'explorer la contrée de Canaan, maintenant si proche. Aborder cette terre promise où chacun « allait naître pour aller vers le plus haut de lui-même ». Dans chaque entité, un homme éminent est désigné pour effectuer le voyage d'études qui permettra de s'installer dans ce territoire fécond d'opportunités. Tous sont en attente. Chaque jour qui passe s'emplit de rêves. Ils sont au bout de leurs peines. Les efforts mènent enfin au but tant espéré. Ce n'était pas une utopie. Au bout de plusieurs jours, les douze personnes déléguées reviennent : « … Oui, vraiment il ruisselle de lait et de miel et voici de ses fruits… » L'abondance et les opportunités d'affaires existent réellement. Oui, ils peuvent enfin accéder à leur rêve. Les yeux brillent de joie, toutes les âmes se réjouissent. Après l'impuissance, la traversée, le repos, enfin la jouissance d'atteindre le but.

Contrairement aux attentes, le management n'est pas réellement motivé et cohérent. Dix des douze délégués sont démobilisés à l'idée des risques à prendre : « … Mais il est puissant le peuple qui habite ce pays… qui dévorerait ses habitants… Nous étions à nos yeux comme des sauterelles, et ainsi étions-nous à leurs yeux. » Les hommes projettent leurs peurs sur les autres et se font peur. Ils ont tendance à imaginer les pires scénarios pour nourrir leur frayeur. Ils l'alimentent pour se donner de bonnes raisons pour ne pas agir, pour se sentir dépendants de forces extérieures, pour persister à croire qu'ils ont raison, pour conforter l'image de ce qu'ils ont cru être.

Quatre cents ans d'aliénation leur ont fait perdre la confiance en eux, ils ont eu de trop rares opportunités d'être performants, d'optimiser leurs capacités et d'être valorisés. Ils régressent dans la peur du temps pharaonique, dans sa vision réductrice des hommes. Ils retombent dans les schémas de l'impuissance : peur de réussir et peur de ne pas réussir. Management par la crainte et le scepticisme. Tout le groupe suspendu à leurs paroles entend leurs doutes. De l'espoir à la consternation.

Une équipe qui ne croit pas au succès, et n'a aucune foi dans la capacité de ses troupes à relever les défis ne peut enrôler le groupe et le faire parvenir à terme. Management par le défaitisme. Peur de prendre des risques et d'avoir à repousser ses limites et se prouver. Toujours rencontre avec ses limitations, avec soi. Mais aussi avec son libre arbitre. Chacun est largement responsable de ses choix comme de ses abstentions, de ce qu'il fait et de ce qu'il laisse faire, de ses ignorances et du refuge dans ses ignorances et dans ses peurs. Ils ont l'opportunité de se faire confiance, de plus s'estimer, de se réaliser, de saisir l'occasion, d'entreprendre au lieu de subir.

Pouvoir ou leadership ?

Sans confiance, un projet collectif ne peut se concrétiser. Déjà, le groupe entier se soulève. La crainte est contagieuse. Ils ne connaissent pas encore le désir créateur qui permet de se donner un destin malgré les difficultés. Ils régressent : « … Donnons-nous un chef, et retournons en Égypte. » Certaines personnes, loin d'être aspirées vers le haut et par les rêves et l'exemple des autres, se sentent menacées par l'énergie créatrice, qui les met face à leurs vulnérabilités, aux efforts à faire et à leur manque de courage qu'elles voudraient occulter. Elles alarment et s'alarment, ne savent pas qu'elles se parlent d'un lieu intime bien antérieur, qu'elles sont en contact avec leurs fantasmes destructeurs.

Les deux autres explorateurs, Caleb et Josué, qui avaient aussi parcouru la contrée, sont prêts à prendre des risques et à partager leur optimisme : « Ce pays est bon, il est excellent… ne craignez point. » Ces deux délégués aiment les défis, mesurent les événements à leur juste valeur, repoussent les balises qu'ils ont mises à leur action, et se rencontrent chaque fois recréés. Ils sont en contact avec leur besoin de se développer et de faire croître. Ils ne croient pas que seul l'environnement crée l'action, mais que celle-ci trouve sa source dans le désir humain.

Mais les résistances au changement sont tenaces. Le passage de l'instrumentalisation à la confiance en soi et à l'entrepreneurship est bien difficile. Le leader remet en question son propre choix des hommes et des critères de recrutement de ceux à qui fut confiée l'exploration du territoire. Le processus de sélection et de promotion est un acte important de management, faiblesse ou puissance de l'organisation. Il eût fallu, en cette circonstance, sélectionner des décideurs et des entrepreneurs capables à la fois d'évaluer avec objectivité les risques et les opportunités et de conduire les hommes dans l'adversité. Il ne suffit pas d'être éminent.

Erreur de management. Au-delà du partage de valeurs, il y a un profil et des compétences de leadership particuliers à une situation stratégique. La sentence tombe à nouveau. L'abandon du partenariat est à deux voies. En cohérence avec la philosophie de management, ne pénétreront en Canaan que ceux qui désirent s'engager et qui croient dans la faculté humaine de repousser les horizons. Ceux qui s'opposent au virage culturel erreront en exil. Le leader assurera la transition entre les deux générations.

Logique de pouvoir contre logique de contribution

Le leader apprend à nouveau que la crise pour le pouvoir est éternelle, ce qui renforce son sentiment que les véritables défis sont internes au management. Comme toujours, ce sont les aspects relationnels qui sont les plus problématiques. Les menaces externes comme les opportunités sont finalement gérables, découvre le dirigeant.

La rébellion gronde, animée par Coré. Depuis des mois, patiemment, il a réussi à former un parti d'opposition en s'alliant à des contestataires permanents et à deux cent cinquante notables de la communauté. Cette menace provient de ceux qui sont « de haut statut social ». Les dignitaires dénigrent le leader. Ils désirent plus de richesses et de privilèges et donnent leur support à Coré, qui les récompensera.

Comme dans de nombreux clans, ce groupe est lieu de rumeurs qui jettent le discrédit, il s'alimente de l'envie et de la jalousie. Chacun et le groupe, sont responsables des mots et des maux qu'ils provoquent. À la fois cristallisation de tous les espoirs et lieu des dépendances archaïques, le groupe cherche un exutoire à son ambition, maintenant ligué contre Moïse et Aaron. Un débat a lieu. Son argumentation implique que la collectivité aurait atteint une maturité exceptionnelle et n'a plus besoin de son leader actuel. Coré veut cumuler tous les pouvoirs. Il cherche à s'approprier le prestige et la reconnaissance.

La crise est combat de valeurs : pouvoir contre leadership de contribution. Méfiance contre confiance. Son mobile réel est de créer la collusion quel qu'en soit le coût pour la collectivité et de remplacer le leader dont il conteste l'autorité. Comme Pharaon, il ne situe pas le bon niveau de préoccupation, il croit que le défi est d'ordre personnel, celui de deux hommes en compétition. Il ne sent pas qu'il ne se mesure pas au leader, mais à l'histoire. Coré et ses militants sont interpellés quant à leurs vrais mobiles. Une médiation avec les contestataires est refusée. Le conflit va dégénérer. Les tentatives internes de clivage et de scission sont meurtrières. Une fois de plus, elles sont condamnées et la compétition interne mise à l'index. Aucune organisation ne peut durablement bâtir sur une guerre de clans.

Coré a marché longtemps dans le désert mais il n'a pas cheminé. Intérieurement il est resté sur l'autre rive du Nil, celle du pouvoir et de la médisance.

Le rôle des leaders est de multiplier et non de diviser. À nouveau ceux qui minent les fondements de la cohésion sont éradiqués. Le conflit provoqué par Coré renforce le leadership de Moïse. La crise est une crise des valeurs, tant il est difficile de changer. Le leader se rend compte que dans la conduite des hommes, « la crise est l'image du tremblement de terre dans l'ordre des valeurs ».

Du pouvoir de la violence à la puissance de la parole

Le leader et ses collaborateurs loyaux ont tenté, par tâtonnement, essais et erreurs, de relever les défis les plus cruciaux de l'accompagnement du changement culturel. Or un nouvel obstacle de taille se présente. Alors que Moïse a reçu l'ordre de parler au rocher, pour faire s'écouler la source qui abreuvera ceux qui murmurent encore, il préfère le frapper avec force. Moïse, malgré son long cheminement, est donc resté dans la violence du geste. Impertinence, doute, désobéissance, manque de confiance en soi ou « ... plus simplement que le leader doit apprendre que le rapport aux choses et aux êtres est un rapport de parole et non de violence physique ». Plus que tous, les leaders doivent démontrer au quotidien ce qu'ils enseignent.

Ainsi chacun est appelé à reconnaître Pharaon en lui et à se transformer. Être homme, c'est concilier sa dualité, retrouver l'unité en soi. Moïse n'a intégré le puissant message qu'après coup. Du pouvoir au leadership, il reste un apprentissage intérieur continu pour pacifier son cœur. Il a succombé à deux reprises à la violence sur le dire. Il a pris un pouvoir dont il n'était pas investi.

Le leader ne doit pas abuser de l'autorité que lui confère son statut, sa position et sa force. Il a à utiliser la puissance du verbe et de la persuasion. Le résultat importe autant que l'intention et la manière dont on atteint ses buts. Dans une structure en réseau, le leadership d'influence est préféré à l'autocratie.

Entre l'homme de pouvoir et le leader, un apprentissage : celui du pouvoir à contenir. Sanction disproportionnée ? Comme son frère, il n'entrera pas en Canaan, cette terre souhaitée de la cohérence entre verbe et action, ce sol désiré de la rencontre avec la verticalité et l'altérité. En état de choc, il ne peut croire aux conséquences de son acte.

L'intérêt collectif et la pérennité d'un cabinet d'avocats

Bien qu'il soit difficile de généraliser, certains métiers inclinent davantage que d'autres à des comportements individualistes : les métiers du luxe et de la mode où certains se prennent pour des stars et des divas, ou ceux de la vente bien souvent. Un exemple typique est celui des grands cabinets d'avocats, notamment nord-américains. Ceux-ci sont de plus en plus confrontés aux mêmes défis que les entreprises : maintenir et développer une clientèle, mettre celle-ci au cœur de leurs préoccupations, préparer la relève et poursuivre une stratégie internationale quand ils n'ont pas toujours consolidé leurs fondations en interne.

Or souvent, ces cabinets d'avocats sont tellement impliqués dans des conflits internes entre personnes, qu'ils en oublient leurs objectifs communs et le sens de leur regroupement. Si les années 1980, comme celles que nous traversons, sont favorables au renforcement des personnalités en charge de clients internationaux et prestigieux, il n'en demeure pas moins nécessaire d'évoluer vers un changement culturel car la vague des fusions et acquisitions connaîtra aussi un ralentissement.

Dans ce cabinet de 200 avocats, le niveau de facturation concourant à bâtir les personnalités, ne permet pas aux associés de valoriser les potentiels internes ni de jouer un rôle de mentor auprès des avocats qui assureront l'avenir de l'entreprise, ni même de bâtir la qualité de relation indispensable à la synergie, raison d'être de la firme et bien souvent de ses propres fusions successives, qui elles-mêmes se sont faites avec d'ex-concurrents et ne sont pas toujours cimentées.

Pourtant la vie émotionnelle de l'entreprise est omniprésente, les conflits générés par la paternité des dossiers et des clients, le triomphe personnel de certains, la méfiance et les vieux antagonismes entre associés senior accroissent l'insécurité latente, l'insatisfaction et l'impatience des plus jeunes. Et bien que la productivité à court terme soit essentielle, elle occulte souvent la contribution des jeunes à la pérennité, qui traitent dans l'ombre les dossiers. Il semblerait que l'incapacité à développer une large clientèle soit vécue comme une tare, et que la qualité d'exécution d'un dossier, la satisfaction et la fidélisation des clients revêtent une moindre importance. Certains oublient que le client paie pour ces dysfonctionnements et que la compétition est au-dehors. Alors que ce cabinet se perçoit comme un ensemble d'experts connaissant les besoins profonds de leurs clients, ces derniers disent vivre un sentiment d'impuissance et que leurs attentes sont plus élevées.

La course à la croissance, dans la croyance magique que la profitabilité règle tous les problèmes, et la focalisation sur les objectifs uniquement personnels ont participé à un sentiment d'aliénation qui ôte du sens à la profession et au travail d'équipe. La frustration de ceux qui ne se sentent pas valorisés s'accroît et ils se trouvent exclus des clans auxquels ils aimeraient appartenir. Absence de cohésion autour d'un réel leadership, envie et jalousie, contribuent à la création des silos entre associés et non-associés, femmes et hommes, administratifs et avocats, vieux et jeunes. Les services administratifs jouent le rôle de bouc émissaire. Les systèmes de management ne diffusent pas les valeurs qui permettraient un autre climat de travail et de préparer l'avenir, ils encouragent la compétition interne.

Afin de préparer l'avenir, ce cabinet a décidé d'accorder une attention particulière à son environnement interne. Suite à l'audit de cette situation, le groupe d'associés a réfléchi et redéfini son rôle de conseiller auprès des clients comme en interne. Une assemblée annuelle organisée par les avocates du bureau et les jeunes a permis de travailler en ateliers sur tous les thèmes qui demandaient des solutions. Un plan stratégique tenant compte de l'évolution prévue du contexte a été élaboré. Un suivi auprès des clients fidèles comme de ceux qui les ont abandonnés a été décidé. Il constitue une mesure externe de leurs progrès. Une démarche de gestion de la qualité a été mise en place, et un programme de *mentoring* élaboré. Les profils nécessaires ont été définis selon les qualités requises, soit pour l'*entrepreneurship* et le développement de la clientèle, soit pour l'exécution et la fidélisation des clients, permettant ainsi de bâtir à la fois sur le court et le long terme et de valoriser des compétences complémentaires. Un système de rémunération sophistiqué a permis de prendre en compte les trois niveaux de contribution, individuelle, à l'équipe, et aux résultats globaux.

LE LEADERSHIP SE PERÇOIT dans la capacité à prévenir les changements inéluctables, à les affronter courageusement et à agir pour l'intérêt collectif en comblant les écarts entre réalité et vision.

7

Le leader passeur de flambeau

Le groupe approche du moment où la passation des pouvoirs devra se réaliser. Les hommes continuent d'avancer. L'expérience du vécu partagé construit lentement l'inconscient collectif, agit sur les comportements. Le temps commence à faire son œuvre.

Le leader a préparé Josué à son futur poste depuis longtemps. Construire l'avenir passe maintenant par la mise en place du dauphin, défi que le leader doit relever de manière imminente. Depuis des années, chaque pas le rapproche du but physique de ses rêves, le mène à la porte de sa rencontre avec l'histoire. Il va participer à concilier rêve et réalité. Bien qu'il marche lentement sous le soleil, son cœur bat fort. Il est déchiré entre la joie de percevoir ce lieu et l'impossibilité d'y poser pied. Heureux d'y avoir conduit ce groupe et triste de ne pouvoir jouir du plaisir durable de voir l'ambition humaine se réaliser. Fouler ce sol où l'homme aura droit à son humanité.

Cette terre dont il a contribué à poser les fondements, pourquoi n'y reposerait-il pas enfin ? Le voyage ne prend-il pas fin ? Il se souvient. Il a entendu raconter le trajet des patriarches, vu les doux yeux de sa mère, senti la poignée confiante de son père, partagé son cœur avec la princesse. Gouverneur, il a habité les fastueux palais pharaoniques, partagé les plus grandes connaissances sur la gestion des hommes et des empires, affirmé son autorité en passant dans les chantiers.

Sur le Nil, il est né deux fois. Quand il y est entré seul dans une nasse parmi les roseaux, et quand il en est sorti, guide d'une communauté à bâtir. Dans le désert, face aux hommes, il a souffert souvent. Face au mystère, il s'est confronté parfois. Il a vu comme eux la voix dans la montagne qui parle au cœur des vivants. De l'infiniment grand à l'infiniment petit, il y a la relation et l'interdépendance.

La performance primordiale est sociale. Là où sont la violence, la souffrance et l'indifférence, où sont les hommes ? Ils courent pour ne pas se rencontrer, pour ne pas avoir à se mesurer à leur âme. Mais combien de fois meurent-ils, et que cherchent-ils ?

Pourquoi l'homme et pourquoi lui ? Oui, il a vu les crues et les cycles de sécheresse, contemplé plusieurs couchers et levers de soleil et cherché son chemin dans les labyrinthes de son cœur. Il a rencontré les plus puissants et des enfants. Et entendu les lions rugissants, des hommes supplier et d'autres pavoiser. Et parlé à son âme et connu sa femme et vu grandir son fils. Il songe, les joues ruisselantes, que lorsqu'il ne sera plus, rien ne s'arrêtera, ni les vents, ni les silences, ni les murmures, ni l'indifférence.

Pouvoir ou leadership ?

Pourquoi naître, pourquoi être ? De la « poussière d'étoiles » à la marche du sujet, de la violence du pouvoir au dialogue humain, qu'il est long le chemin pour être vraiment homme. Il s'était déjà posé ces questions devant le buisson ardent. La pierre survit à toute créature. S'agit-il de bâtir des pyramides pour parler de soi, ou de graver quelques paroles sur deux pierres pour témoigner du chemin à parcourir et de la capacité humaine à se transcender. « Venir au monde, ce n'est pas seulement naître à ses parents, c'est naître à l'humanité. »

Le leader ne construit pas des pylônes et des colonnes, il ne triomphe pas. Il ne se glorifie pas, ne savoure pas sa victoire sur les vaincus. Il ne dit pas qu'il est la voie obligée pour accéder au divin. Il n'humilie pas, ne prive pas l'autre de sa puissance et de sa dignité. Il essaie de dire au travailleur qu'il est conscience, qu'il a le potentiel de sortir de ses automatismes et de transformer le monde, et la capacité d'être frère. Et à une masse ouvrière qu'elle peut se donner un futur, que chaque jour est opportunité d'aller de l'avant, de se renforcer, d'être meilleure que la veille. Que les hommes ont à apprendre à bien faire ce qu'ils font parce que le temps consacré au travail est du temps de vie, et ne sera jamais remplacé, irréversible.

Que chaque acte, nouveau départ, ouvre ou ferme le chemin. Que les vrais repères sont intimes. Depuis les temps premiers, la lumière luit et embrase, et ce n'est point celle des ors ni des colosses. Elle se retrouve au détour d'un buisson. Partout chacun peut rencontrer son destin, et être. Il n'agissait pas pour lui. Oui, il éprouvait parfois un grand bonheur.

Mais l'œuvre humaine n'est jamais finie et il est bon qu'il en soit ainsi. Chacun a pour responsabilité de la parfaire, chacun aimerait faire une contribution positive. Même un homme imparfait peut conduire des hommes à se dépasser.

Y a-t-il deux étapes dans la vie d'un groupe et deux manières d'accompagner : catalyser et transmettre, puis assurer la mise en œuvre ? Ambitieux, le leader aurait bien aimé assumer les deux rôles. Toute-puissance de l'enfant en lui. Mais il sait que tout vrai chef doit faire ce deuil. Lâcher prise et renoncer. Son rôle réside dans la transmission, il lui faudra maintenant laisser sa place.

Passeur de flambeau, le leader est vecteur. C'est dans le passage de cette lumière qu'il touche à l'éternité. C'est son groupe qu'il a pour mission de faire parvenir à bon port. Il lui avait été dit : « Je suis intervenu pour le délivrer... pour le faire passer dans une terre ruisselante de lait et de miel. » Le dirigeant guide. Le collectif réalise l'action. Il ne verrait donc que de loin cette terre fertile de l'amour des hommes. Mais son cœur et son esprit y sont déjà.

Il appartient aux dirigeants de vivre et d'accompagner la sortie des prisons intérieures, de développer les êtres qui leur sont confiés, de faire émerger le souffle de vie en eux. Et, au moment où cela devient pertinent pour la collectivité, offrir sa place au plus méritant, à celui qui a les capacités de mener les hommes encore plus loin. À un moment de la vie du projet entrepreneurial, le créateur ou le fondateur ne réunit plus le maximum de facultés pour donner une chance au projet. Il lui faut alors avoir l'humilité d'agir comme Dieu qui se retire en un point

« Tsimsoum », pour laisser à chacun l'espace nécessaire pour se dire dans la totalité de son être. Faire place et ne pas être dans le combat des places. « L'affrontement de la fraternité » passe par la rencontre de l'altérité, de la différence : frère, père, fils, fille ou femme, étranger, peuple.

Nul despotisme. Pour faire la rupture, un leader donne la direction et fait découvrir le sens. Un autre enracine la culture et accompagne ceux qui feront vivre le projet au quotidien.

Le dirigeant a accompli sa mission. Heureux celui qui se rencontre car il peut rencontrer autrui, celui qui ouvre son cœur car il accueille enfin l'étranger en lui. Il a quitté l'Égypte avec une masse indifférenciée de travailleurs, mais aidé plusieurs à faire le passage. « Nous sommes tous hébreux, passeurs. »

Le message du leader continuera à habiter les hommes de bonne volonté. Sa mission devient plus limpide. Il a l'intuition qu'elle traversera le temps, héritage de chacun pour un présent créateur. Témoin et acteur. Le passage de chacun est accomplissement, sortie des matrices pulsionnelles et relationnelles, passage entre rivages. Il ne détient pas de vérité. Il n'est pas sorti de toutes ses prisons intérieures mais chaque pas est retour et évolution. Le leader se transforme et transforme.

Un leadership de contribution

Au moment ultime où chacun se raccroche à la vie, partagé entre raison et émotion, il demeure soucieux de sa relève, sachant la nécessité d'assurer un leadership plus directif et plus opérationnel : «... Un chef... qui marche sans cesse à leur tête et qui dirige tous leurs mouvements... »

Le passage de la flamme exige un transfert des savoir-faire et des savoir-être, ceux de l'intelligence du cœur, ainsi que la transmission de la vision et de la mission : «... Tu lui communiqueras une partie de ta majesté... c'est à sa voix qu'ils partiront, c'est à sa voix qu'ils rentreront. »

Par un accompagnement fécond, le charisme peut donc en partie se transmettre. Il lui apportera toute son expérience de la conduite du changement culturel : sa connaissance fine des dysfonctionnements vécus, la nécessaire gestion de soi et d'une équipe, les principes matriciels et les systèmes de management qui sous-tendent une structure de solidarité. Le rendre plus intelligent, le faire accéder à plus de connaissance relationnelle et de gestion, au décodage de l'expérience, et l'aider à acquérir plus de maturité affective.

Il faut maintenant que d'autres personnalités s'affirment à travers les mêmes principes transculturels, sous d'autres cieux et dans d'autres contextes. Le verbe de Josué doit remplacer le verbe de Moïse, il y a un temps pour chaque chose et pour chaque homme. Mais le verbe de l'altérité et de la responsabilité demeure même.

Pouvoir ou leadership ?

La passation des pouvoirs implique que le dirigeant aide le nouveau chef qui lui succédera à s'imprégner de tout ce qu'il est et de tout ce qu'il sait. Moment solennel, il l'investit du dessein collectif et le légitime devant tous. Il le motive par l'ampleur de la confiance qui lui est faite à travers le portage de cette mission. Il lui enseignera la dimension de son rôle et demeurera le mentor de son successeur. Il lui communiquera toutes les instructions pour favoriser le changement.

Jusqu'aux derniers moments, le leader demeure dans une dynamique de contribution. Il doit partir maintenant. À cette saison de sa vie où tout est encore en possibles, en horizons.

Il lui faut partir pour donner des chances supplémentaires au plan commun de se réaliser. À un moment de la vie du projet, son initiateur ne réunit pas toutes les capacités nécessaires. S'adressant à ceux qui entreront en Terre Promise, il continue de remplir son rôle d'éducateur. Formateur jusqu'au dernier jour, il récapitule l'odyssée de la collectivité, ses combats, ses défis internes et externes, ses comportements, ses exigences, les choix qu'elle a faits, les leçons à tirer de ses erreurs, le prix payé pour des valeurs de court terme et pour l'individualisme. Il enseigne l'ultime responsabilité qui échoit au leadership et à la collectivité, celle de la pratique du code éthique et de l'exemplarité : « Écoute les principes et les règles que je t'enseigne pour les pratiquer… »

Au-delà du style de management nécessaire, le leader enseigne comment les lois, statuts, procédures, symboles et systèmes participent à ancrer les fondements culturels.

Le pouvoir du verbe prend sa pleine puissance dans l'action cohérente. Le leader leur montre le chemin de la pérennité et les enthousiasme. Il leur dit que, malgré toutes leurs vulnérabilités, il a confiance en leurs ressources, qu'ils peuvent accéder à plus de conscience, chacun peut s'accomplir.

Les hommes attendent depuis des siècles qu'on ait suffisamment d'estime pour eux, pour se révéler meilleur qu'eux-mêmes, briser le cercle vicieux de l'impuissance et ôter les camisoles de l'aliénation. Chacun est à accoucher de lui-même à travers les devoirs du cœur : « Ouvre, ouvre ta main à ton frère, au pauvre, au nécessiteux… Car cette loi que je t'impose en ce jour, elle n'est ni trop ardue pour toi, ni placée trop loin… Non la chose est tout près de toi : tu l'as dans la bouche et dans le cœur… » L'homme seul, immense et vulnérable, regarde vers le ciel. L'élan vers autrui sommeille en chacun. Chacun est capable d'être leader.

Il rappelle à son groupe que l'amour est énergie créatrice et leur confie que chacun a un devoir de mémoire : « Évite… d'oublier les événements dont tes yeux furent témoins… fais-les connaître à tes enfants et aux enfants de tes enfants ! » Démocratisation du savoir. Le transfert des connaissances et des expériences est un patrimoine humanitaire. Chacun est « une mémoire vivante » de l'humanité, de ce qu'elle fut, de celle qui se prépare, et là aussi réside sa responsabilité.

Le leader leur apporte toute son expérience accumulée de la conduite du changement. Il les rend plus intelligents, leur donne une compréhension fine de l'environnement, les forme aux cartes mentales qui ancreront les esprits.

Il sait que l'observance, la pratique et la transmission aux générations suivantes feront d'eux des vecteurs de civilisation. Chacun peut introduire l'éternité dans le temps. Il a appris que l'homme est fragile et co-créateur de l'humanité en marche. Que le monde est flux, que la force primaire est lien et interdépendance, et que la vie est une série de cycles de deuils et de renaissances. Confronté depuis longtemps au sentiment de réalité qui éloigne des sentiments de toute-puissance et de totalitarisme, il explique encore et encore à son groupe ce qu'il a appris durant son existence.

Dernier lâcher-prise, il lui faut renoncer à nouveau.

Contrairement à l'homme de pouvoir, le leader sait qu'il ne peut rester indéfiniment. Il se sépare de son groupe : « … Je ne peux plus vous servir de guide. » Il ne traversera pas physiquement le Jourdain. Mais chacun quittera les aires de servitude et verra sa terre promise, celle des repères intérieurs.

Le leader encourage son successeur dans ses nouvelles fonctions. Il lui dit qu'il peut croire en son potentiel, en lui. Qu'il est plus grand que ses fonctions, que son statut. Le leadership demande de l'empathie, un effort continuel pour se mettre à la place de l'autre et ressentir sa vulnérabilité comme sa force, là où l'on est tous semblables. Cela exige également une grande force intérieure et de la rigueur, lui dit-il. Le chemin de cohérence est semé d'embûches et d'épreuves qui tirent l'homme vers le bas. À lui seul de viser la cible au zénith.

Diriger implique de se tenir debout, sujet en train de s'accomplir. Les hommes régressent, vois-tu, ils ont peur de découvrir qu'ils sont puissants, de savoir qu'ils sont plus que matière, âme. Qu'ils ne sont pas prisonniers des autres, mais de leurs propres attentes démesurées, de leurs manques et des limites qu'ils s'imposent, des peurs ancestrales, de leur histoire, des prisons du pouvoir. L'homme a peur de renaître à lui-même, et celui qui le guide doit lui dessiller les yeux, éclairer son action. Travailler sur ses vulnérabilités, compter sur sa force intime : « Sois fort et vaillant... sans peur et sans faiblesse. » Le chemin de l'homme demande du courage, de se relever encore et encore, de considérer chaque difficulté comme un défi de croissance. Et croire qu'il peut se donner un destin.

Il lui incombe maintenant de mettre par écrit l'histoire et la philosophie de gestion de ce groupe où chaque événement est sens. Il n'entrera pas dans le pays promis à la descendance. Il l'y a conduite et lui a permis de poser les fondations essentielles et les repères internes qui lui permettront un ancrage intérieur où que ce groupe conduise ses pas.

L'homme a rassemblé les hommes, réussi la phase de transition culturelle. De changements tactiques en changements stratégiques, passage et trans-formation. Mission accomplie. Pour ce visionnaire qui a eu un rêve pour sa collectivité, celui-ci se réalise sous ses yeux. Il a posé les bases d'un projet collectif.

Le soleil se couche sur la vie du leader. Le pouvoir sur les choses et les êtres ne peuvent empêcher le corps de vieillir, ni la mort de venir. Aucune maîtrise du monde ne peut éviter cette ultime impuissance. Ainsi va l'homme, le sable efface ses traces, mais autrui témoigne. Au bout du chemin, il y a l'être. Ni dieu ni héros. Le zénith de l'homme est intérieur et sa perspective infinie.

Son dernier regard embrasse la terre de Canaan, étreint et délivre la descendance qui aura à promouvoir des valeurs humanistes. Avancer et faire avancer d'un pas, et se verticaliser toujours au moment de vivre, comme à celui de mourir. Il meurt seul « dans un baiser ». Sérénité.

Sa sépulture est inconnue. On n'élèvera pas de culte aux leaders. Ce sont des hommes comme les autres, imparfaits, le sachant et désirant s'améliorer et entrer dans une dynamique de contribution.

La deuxième étape est à construire. En tous lieux, il incombe à chacun de ne pas perdre de vue qu'il doit faire « ce à quoi lui seul est appelé… notre véritable mission… c'est précisément d'entrer en contact… » Et de contribuer à la sortie de toutes servitudes.

En tout temps, entre les questions « d'où viens-tu ? » et « où vas-tu ? », se pose celle brûlante et éternelle : « où es-tu ? »

8

Retour au 21ᵉ siècle

Nous avons parcouru un détour de 3 500 ans pour comprendre les dynamiques du pouvoir et du leadership à l'œuvre dans nos organisations, pour découvrir les éléments qui permettent à toute culture de traverser le temps quand bien même ses leaders disparaissent, et pour cerner les clés pour un management transculturel et les capacités nécessaires à un leadership de contribution.

Avant de conclure sur ces éléments, dans un premier temps nous verrons de manière contemporaine et non exhaustive comment se construisent dès l'enfance les sources psychologiques du pouvoir et du leadership, leurs vulnérabilités et leurs forces. Dans un deuxième temps, nous tenterons de mettre à jour les grands invariants d'un leadership transculturel et de contribution.

Enfance du pouvoir et du leadership

Fragilité de l'être déterminée déjà par la qualité des premiers contacts avec les parents, le pouvoir prend racine dans un drame pour l'enfant. Dès l'aube de la conscience, le manque ressenti d'un vrai regard d'amour inconditionnel posé sur nous, nous coince et nous asservit dans leurs scénarios, nous nie dans nos émotions et nos désirs, les laissant sans réponse. Bien souvent, leurs projets sur nous nous laissent peu d'alternatives entre « être leur rayon de soleil individuel, leur successeur, leur bâton de vieillesse, parfois les trois et plus encore ».

Souvent si petits devant l'adulte, nous avons aussi rarement osé afficher notre colère et dire tous les « non » de l'affirmation de notre personnalité. Et, « cassés d'entrée de jeu », nous avons prononcé tous les « oui » de la soumission aux vœux parentaux. Pour ne pas prendre le risque du rejet et de l'abandon, pour avoir un minimum d'amour et de place. Cela nous conduira à vivre une impuissance que nous tenterons souvent de convertir en toute-puissance, nous défendant ainsi toute notre existence de ce désarroi premier.

Certains d'entre nous métamorphoseront cette tristesse en une violence réelle ou déguisée en recherche d'excellence. Et nous devenons parfois des enfants modèles, trop sages pour être vus, trop silencieux pour être entendus, trop serviables et généreux pour être acceptés et aimés, tout doux pour éviter les conflits. Encouragés par des parents qui se mirent en nous et qui ont rarement su vivre leur propre potentiel et assumer leur individualité. Pouvoir des parents qui astreignent les enfants à une marche forcée, chargés de la réparation du destin familial, social et culturel, parfois même génétique, se projetant dans la réussite de leur enfant, obnubilés par les attributs extérieurs du succès.

Nous croyons vivre un présent alors que nous essayons de rattraper et de réparer le passé. Plus tard, nous deviendrons souvent de bons gestionnaires, de bons numéros deux, sur lesquels les autres pourront toujours compter, des personnes qui assureront bien la délégation qui leur sera faite et qui feront peu de vagues pour être appréciées.

Certains seront en lutte contre toute forme d'autorité et se prendront pour des victimes et verront partout des bourreaux, seront toujours méfiants. Ils se raconteront probablement des histoires, enfleront leurs craintes, imagineront des scénarios catastrophiques. D'autres jeunes transformeront cette solitude et cette impuissance de l'origine en grandiosité. Ils se couperont de la douleur d'être vulnérables, atteints au plus profond d'eux, ou croiront qu'ils n'ont pas eu mal, occultant leur sensibilité, ou encore la transformeront en fuite en avant.

Toujours la première place convoitée, partout recherchée à travers l'accumulation des possessions, la réalisation de hauts faits, les signes du pouvoir et du statut. Et ce que l'enfant en eux tente de conquérir, ce n'est pas un pays ou une autre entreprise, mais bien souvent la qualité du premier regard qui leur a été refusé. Leur passé et leurs fantasmes les emprisonnent. Mais l'adulte qu'ils sont devenus ne le sait pas.

Répétition qui aliène et qui prend son souffle dans un combat pour la place dominante au cœur de la famille. Quête perpétuelle de l'enfant se voulant fort, jusqu'à la connaissance profonde de soi qui permettra la délivrance de l'adulte de ces scénarios de servitude, qui lui permettra enfin d'accepter son humanité.

Pouvoir-revanche aussi sur sa famille ou sur une personne particulière, sur un aspect d'ordre physique ou sur son milieu social. L'agressivité qui émerge, étouffant le chagrin premier, peut se révéler créatrice ou destructrice. Certains transcenderont et sublimeront le défaut, la tare, l'humiliation. Et bien qu'ayant peu reçu, sauront redonner et dépasser leur histoire.

D'autres n'auront jamais accès à nouveau à cette souffrance première. Toujours, refus de la vulnérabilité : le jeune passe un pacte avec lui-même, il se jure « qu'ils paieront, qu'ils verront ». Une manière qu'a l'enfant devenu grand de cicatriser les blessures alors vécues : mépris, offense ou indifférence. Plus tard, s'ils deviennent dirigeants, ils font souvent payer leur mal-être à leurs collègues et employés de manière subtile et souvent involontaire car ils en ignorent les vraies raisons. Quelques cadres et employés, évoquant de telles personnes, nous confient : « Il érige la critique en système, il a des comportements destructeurs… qu'il joue sa pleine valeur ajoutée d'homme à l'intérieur de l'équipe et qu'il soit un homme de contribution. »

Pouvoir-compensation également pour une vie privée actuelle médiocre ou douloureuse. Ainsi des hommes exerceront leur agressivité et leur puissance dans des lieux

Pouvoir ou leadership ?

inappropriés, mais ces pratiques ont bien un sens dans leur vécu antérieur. D'autres personnes restent toujours de petits enfants évitant de grandir. Elles croient que le refus peut les protéger de la mort et que, s'ils la nient, ils la détourneront. Souvent ces êtres ont été surprotégés par des parents qui les trouvent surdoués et le leur répètent inlassablement. Ces enfants sont alors privés d'un regard objectif sur leurs faiblesses, ce qui leur permettrait de rencontrer leur vulnérabilité, de la travailler et de se renforcer, de s'ouvrir à la tolérance et de s'humaniser. Ils s'imaginent qu'ils sont immortels et parfaits. Il arrive que la peur de la mort comme la peur de la vie deviennent motrices pour la recherche de prestige et d'hégémonie.

Pouvoir-vide intérieur, appel de proximité.

Le pouvoir dit les manques premiers, l'impuissance originelle.

Le brassage des chiffres, la multitude des alliances, la recherche de perfection, les signes extérieurs de l'accomplissement social ne comblent jamais ces hommes et leur donnent difficilement le sentiment intérieur de la réussite. L'illusion se nourrit d'elle-même, mais le cœur et l'âme en déroute sont constamment en recherche d'un ailleurs.

Dans les organisations pyramidales où règnent les hommes d'autorité, se rejoue le drame inversé : vainqueurs enfin, ils jouissent de l'héliocentrisme car chaque palier hiérarchique quête leurs paroles et un regard. Mais ce qui les satisfait ponctuellement, les isole aussi. Ces dirigeants ont du mal à descendre sur le terrain, créant même parfois une ligne hiérarchique qu'ils appellent management de proximité, évitant le contact avec ces solitudes multiples. Ils se coupent de toute émotion, répétant ainsi un vécu plus archaïque. Leurs employés réclament une relation plutôt que des e-mails ou des mémos, et récusent la gestion par « post-it ». Sous prétexte de modernité, certains dépenseront des fortunes en systèmes d'informations, peu à l'aise de savoir que, tout comme eux, leurs collaborateurs ont une demande profonde de reconnaissance que la technologie ne peut assouvir.

Le leadership, pratique plus rare, se développe aussi durant l'enfance. Certains avanceront que l'amour pour cet être *in utero* participe déjà à construire le futur leader. Une graine d'amour pour soi germe en soi. L'enfant est un adulte en devenir. Il n'est pas un projet pour redorer le blason des parents, mais une future personne à accompagner, à autonomiser. Ses peurs et ses désirs ne sont pas niés, ni ses doutes couverts de moquerie, d'ironie et de mépris. Il apprend à faire confiance à ses sentiments, à s'ancrer dans ses émotions. Il les sait vraies et elles participent à développer son intuition et son imagination.

Aux mille pourquoi qu'il pose, les parents tentent des réponses authentiques. Le « parce que » qui tue le sens et ouvre la porte aux fantasmes et aux erreurs est rarement de mise. Ses parents lui laissent un espace pour se dire, exprimer ses doutes, ses incompréhensions, sa colère parfois, tout en lui donnant les balises nécessaires. Ils ne détiennent pas de vérité, ils ne fuient pas les questions auxquelles ils n'ont pas de réponse. Ils apprennent aussi en marchant avec l'enfant. Exposés à plusieurs cultures, à d'autres milieux, ils ne zappent pas sur la vie et

Pouvoir ou leadership ?

rencontrent ainsi de vraies personnes, s'ouvrent et ouvrent l'enfant à la complexité, à la diversité, à la vie. Dans leur tête, ils pensent et agissent en réseau.

Vivre son potentiel est ce qui lui est suggéré. Il n'est pas inlassablement demandé au jeune d'être le meilleur de sa classe, mais de franchir ses propres frontières. Ces enfants n'ont pas à se battre pour recevoir l'amour et gagner une place. Ils ne vivent pas contre, mais avec autrui. Ils peuvent redonner puisqu'ils ont reçu. Ils savent d'où ils viennent, ils apprennent à tracer leur chemin. Plus tard dans leur vie au travail, ils se trouvent partout dans la hiérarchie, et même ambitieux ils participeront plus humblement que les hommes de pouvoir au devenir de l'entreprise.

Leadership sans frontières, motivations et comportements

Dans le quotidien de nos entreprises, nous pouvons constater que l'exercice de l'autorité est loin d'être simple. Nous avons tous en nous un homme de pouvoir et un leader : « Il a la capacité d'être très agréable dans le face à face, mais il se laisse aller à démolir quelqu'un dans une séance collective. Il s'excuse mais au passage il a fait mal. » Les circonstances feront émerger l'un ou l'autre en nous à des degrés différents et très subtils, et cela a un sens dans notre histoire. Toutefois, nous l'avons vu, notre personnalité exprimera des tendances dans une direction particulière.

Toujours, le leadership est voyage initiatique vers le sens, processus et conduite d'un processus humain. Ceux qui vont au cœur de ces pérégrinations savent qu'ils ont eu à se poser la question fondamentale de la vie et de la mort. Lucides, ils savent d'où ils viennent, ils ne peuvent ignorer longtemps où ils vont. Une dirigeante perplexe nous susurre : « Je viens de découvrir que je ne suis pas immortelle. »

Les leaders ont à traverser aussi les petites morts risquées que sont tous les « non » qui leur permettent de se positionner, de se dire autre que l'image d'eux construite par ceux qui veulent les figer, de parler sur eux et en leur nom. Ils s'autorisent à s'affirmer et à se choisir un destin différent que celui pré-programmé par leur culture, leur socialisation et leur famille.

Conduite individuelle et conduite des hommes, dans le noyau du leadership il y a également l'action et l'obligation de résultats, tangibles autant qu'intangibles. Le véritable management passe par la gestion des défis personnels comme par celle des enjeux organisationnels. Apprentissage permanent sur soi et sur ceux à gouverner.

Management de la conduite individuelle

Les dirigeants traversent souvent des périodes de doute et se posent la question du sens. C'est durant cette période que ceux qui ne se sont pas toujours révélés comme leaders, évoluent. La traversée intime qu'ils entreprennent leur permet d'avoir accès à leur conscience élargie et de trouver un ancrage intérieur, tel ce directeur qui ne prenait pas toute sa place dans son organisation et laissait pourrir les situations pour ne pas faire face au conflit, et qui commence à savoir dire oui, à savoir dire non, et qui, travaillant sur son histoire personnelle, décide de prendre enfin la place qui lui revient et raconte : « Je prends ma place au comité directeur, je vais voir les interlocuteurs et je force les portes. »

Ce travail sur l'essentiel leur apporte le recul nécessaire par rapport à ce qui est relatif et ce qui est central. Ils identifient les repères personnels qui donneront une signification à leur engagement. En apprenant sur eux, ces individus font aussi l'apprentissage de la complexité humaine et culturelle, développent une compréhension plus fine des êtres, des groupes, de leurs limites et de leurs forces. Un dirigeant dans une dynamique de méfiance envers sa mère depuis qu'il était enfant, découvre qu'il faisait un « déplacement » : il tentait de résoudre ce problème à travers la recherche du contrôle de son environnement. Et qu'en même temps, se sentant coupable vis-à-vis d'elle, il se battait pour toutes les causes perdues et se mettait dans une quête d'idéal et d'exigence sur tous les autres. « C'est en renonçant à convaincre et à transformer ma mère que je me suis mis à accepter les autres, à les aimer et à comprendre que leur histoire et la mienne sont différentes, pour enfin les accompagner vraiment. » Puis il ajoute : « J'ai réalisé que nous parlons de notre propre histoire à nos enfants, mais pas de notre réaction à notre histoire. »

Les leaders puisent une nouvelle puissance dans la connaissance de leurs vulnérabilités que, petit à petit, ils font évoluer en forces potentielles, généralement en travaillant sur les blocages et les croyances de l'enfant qu'ils ont été. Ils apprennent que tout comme nos propres peurs et nos désirs, nos paradigmes et ce que l'on n'a pas résolu de nos histoires de vie conduisent aussi notre action : « C'était un combat perdu de positionner l'échange sur l'aspect rationnel des choses au lieu du côté cœur. »

Ils n'ont pas besoin d'action grandiose pour exister, mais sont à la recherche du geste et de l'action justes. « J'ai compris que je dois faire grandir des adultes au lieu de les contrôler, que je dois être solidaire de leurs succès et de leurs difficultés, et être leur protecteur... »

Ils ont rarement cette nostalgie fondamentale qui guide aussi bien l'homme de pouvoir que le bon gestionnaire. Lorsqu'ils sont à la tête des organisations, ceux qu'ils conduisent sont émerveillés : « C'est une perle... On a de la chance d'avoir un patron comme lui... Il valorise les contributions réciproques, il nous consulte... Il sait écouter avec ses deux hémisphères... il est visionnaire. »

Au fur et à mesure de leur existence, ils avancent plus libres de leurs motivations inconscientes, ayant un peu moins peur de leurs peurs, les ayant affrontées avec courage. Le courage qu'il faut pour se découvrir, se mettre à nu devant un étranger dans l'espoir de sortir grandi et plus fort des labyrinthes de ses aliénations : « Je ne savais pas que j'allais parler de ma famille, cela suppose d'avoir le goût de se remettre en cause. »

Pour autant, ces personnes ne sont pas moins seules aux moments ultimes, même si elles sont généralement entourées et aimées. Mais leur solitude leur pèse moins, parfois même elle les rend plus forts. Ils se rendent compte que grandir et être homme se réalise dans l'intériorité et le silence du recul formateur, temps de croissance. Désireux de donner plus de conscience à leur existence, ils clarifient leur projet de vie, font des choix coûteux si nécessaire, définissent des priorités et les mettent en perspective avec leur projet professionnel.

Management par l'humilité

Les leaders cheminent. S'ils regardent en eux pour apprendre la tolérance, pour découvrir le semblable en chacun et s'enrichir de la différence, ils se rendent compte aussi que derrière chaque visage, s'abritent la même angoisse et les mêmes aspirations. Ils ont l'intuition que si l'apprentissage se fait dans l'action, il n'existe aucune formule magique qui les dispense de faire leur propre traversée du désert. Celle-ci les conduit à accepter qu'ils ne soient pas parfaits, ni bonne mère, ni « bon parent nourricier », ni tout bon ni tout mauvais.

Ils réalisent à travers cette meilleure connaissance de soi qu'ils peuvent agir avec plus de conviction sur un environnement dont ils tiennent compte. « C'est très éclairant dans mes attentes et mes attitudes par rapport aux autres, et je peux mieux comprendre le fonctionnement des autres, je suis devenu plus réceptif et j'ai grandi par cette compréhension de la complexité humaine. »

Ils savent mieux distinguer les opportunités, mesurant mieux leurs forces et leurs faiblesses pour les affronter. Ils se cherchent des alliés. Ni toute-puissance ni impuissance. Leur axe est intérieur et ils portent en eux la conscience de l'objectif à atteindre.

Il leur arrive de prendre un mentor externe à l'entreprise, un accompagnant pour être plus vigilant, avoir un autre regard sur leurs biais, leurs freins et leurs enfermements. « C'est dangereux de me lancer dans ce type de défis sans connaître mes forces et mes faiblesses, car je n'ai pas droit à l'échec par rapport à des milliers d'hommes. » Ils veulent un miroir pour progresser plus vite, agir plus efficacement, trouver un sens et une direction. Et font en sorte, avec humilité, que leurs forces ne soient pas écrasantes pour d'autres, que leur intelligence n'éclabousse et ne muselle leurs collaborateurs.

Ils se révèlent capables de s'ouvrir et de se laisser convaincre. Ils ne détiennent plus les réponses, la solution miracle à laquelle personne n'a osé penser. Lorsqu'ils ne peuvent pas répondre aux attentes, ou ne savent pas quand ni comment donner satisfaction, ils le disent. Ils ne sont pas mortifiés de ne pas détenir toutes les réponses dans un monde qui évolue sans cesse. Ils acceptent aussi une forme d'amateurisme, ne bétonnent pas la stratégie, expliquent le pourquoi des changements.

S'ils sont intellectuellement séduits par les théories et les systèmes, ils savent également que les clés de la réussite passent par quelques gestes simples d'écoute et de reconnaissance. Ils ont compris que la synergie des cœurs et des intelligences constitue leur véritable atout compétitif. Aussi convient-ils des personnes de plusieurs horizons pour évoluer dans un processus d'amélioration continue. Eux-mêmes sont concernés par leur propre développement et prouvent leur véritable intérêt au développement des hommes. Dans une entreprise, leader dans le domaine de la beauté, les directeurs des ressources humaines assistent aux séances de sensibilisation aux impacts de la mondialisation organisées pour ceux qui se formeront dans leur département d'éducation permanente. Ils n'agissent pas comme s'ils croyaient que la formation ne concernait que les subordonnés ou les managers. Dans une organisation au métier très traditionnel dans « la France très profonde », l'équipe de direction, en majorité parisienne, a été la première à suivre les séminaires qui ont fait évoluer les hommes et la culture.

Les leaders ne veulent pas que les personnes leur soient inféodées, mais qu'elles leur donnent l'heure juste : « Il a le courage de nous demander nos opinions. » Et ils sont appréciés pour ce courage car tous savent ce qu'il en coûte de s'affirmer et se livrer devant tous. Ils ne cherchent pas de victimes ou de boucs émissaires mais des hommes qui se tiennent debout la tête haute. Ils ne craignent pas les hommes forts et intelligents dans leur équipe ; ils sont convaincus qu'eux-mêmes et l'entreprise en bénéficieront.

Bien sûr, une œuvre n'est jamais complète. Étapes et retours, boucles d'apprentissage sur un parcours émotionnel et relationnel. Ils se rendent compte que chaque phase renvoie toujours à soi, et que le « meilleur test de l'humilité, c'est sa propre attitude envers ses subordonnés ».

Conduite des hommes

Lorsque les leaders se battent, c'est sans haine et sans revanche. Seule la mission les guide. Devant un défi de leadership, ils ne se dérobent pas.

Dans un système ouvert sur autrui, ils s'imbibent d'autres réalités du monde. Ils essaient de les comprendre sans mépris ni arrogance. Ils développent un sentiment d'appartenance par la crédibilité qu'ils ont gagnée. Et d'une multitude de groupes disparates, créent une identité de groupe. Ils ont compris les spécificités de chacun, mais ils préfèrent fédérer les hommes autour de principes et d'actions qui transcendent les pratiques culturelles. Le savoir-être importe autant que le savoir-faire.

« Tous ne peuvent entreprendre un chemin initiatique, ni vider les traumatismes de l'enfance, les verbaliser et les symboliser, les mettre en paroles et en sens. » Mais le leader, jouant parfois le rôle du « bon parent », peut contribuer à faire grandir ses collaborateurs par une expérience empathique et un travail de mentor externe ou interne.

Management par le désir et la valorisation

Par une valorisation authentique et renouvelée, en congruence avec ce que l'autre devine de soi, la personne devient individuée. Chaque succès la renforce. Elle touche à l'autre partie en elle, belle et enfouie, qui ne demande qu'à émerger. Pour exister, les qualités que nous avons ont besoin d'être nommées. Car certains managers nous disent : « Je me sens vulnérable, je n'ai pas assez confiance en moi, pas assez de personnes qui me rassurent, pas assez de signes tangibles de confiance, et je stresse. »

Puisqu'ils ont pu traverser des étapes très difficiles, les leaders savent ce que l'homme peut réaliser. Ils croient ainsi que celui-ci peut passer à travers des déserts et des mers et relever des défis inattendus. Ils pensent que s'ils sont sortis des rails du déterminisme, d'autres peuvent le faire tout autant. Ils ont confiance dans le désir humain de se transcender. Ils aident ceux qui le veulent à sortir de leur condition. Un équipementier a offert un accompagnement individuel externe à deux de ses contremaîtres qui désiraient progresser et qui ont apprécié ce geste à sa juste valeur : « Ces heures pour comprendre mon fonctionnement sont un beau cadeau. »

Pour le leader, les autres sont aussi importants que lui. À tout instant, ils peuvent se révéler plus grands qu'eux-mêmes lorsque l'on croit en eux. C'est ainsi qu'à leur tour ils peuvent créer et devenir plus inventifs. Il cherche à optimiser la richesse humaine qui lui est confiée. Croyance en une auto-transformation. Il sait que certaines personnes ont des trésors à transmettre. Une dirigeante nous a confié : « Ce que je porte et que je voudrais transmettre est plus grand que moi, et les frontières de mon Moi ne peuvent pas porter cela. Elles sont trop petites ces frontières pour l'immensité de la chose à dire. »

« Ils savent apprécier et ont compris que par les valorisations successives et authentiques, on devient individué. » Par la foi placée en eux, ils leur ouvrent les portes de la confiance en soi. Par le désir de les amener à aller de l'avant et à se dépasser, ils les aident à repousser leurs limites. Les leaders nourrissent l'autre en le valorisant, en l'autonomisant pour qu'il se remplisse et soit comblé. Leurs collaborateurs voient qu'on peut venir de loin et s'accomplir. Cela les transforme, et du coup les leaders sont renforcés dans leur leadership.

Par leur capacité à s'identifier positivement à eux, leurs collègues peuvent émerger d'eux-mêmes. Ce qu'ils admirent en eux et à quoi ils veulent tellement ressembler, c'est leur alter ego. Ils vont réveiller et développer la partie endormie d'eux-mêmes qui est en congruence avec le leader : « Il m'impressionne, il a pris beaucoup d'importance dans mon imaginaire, je rêve de faire fonctionner l'entreprise comme lui. » La sortie est possible. Ils sont proches de renaître à eux-mêmes afin de naître aux hommes.

Management par la connaissance et la transmission

Le leader partage avec ses collaborateurs sa compréhension fine de la complexité humaine et environnementale. Le président d'un grand groupe financier se donne pour objectif d'éveiller la conscience de ses dirigeants et de leur faire rencontrer des personnes parlant de sens dans l'entreprise. La sortie des Égyptes intérieures passe par des étapes d'apprentissage et de découverte de l'homme dans sa globalité, dans son unicité, dans un environnement culturel, social et économique qui évolue.

Il partage avec eux le fait que la vie organisationnelle est avant tout émotionnelle, et que les résistances au changement sont psychiques et affectives. « Je comprends qu'on se parle avec nos histoires et qu'il ne peut y avoir de réelle écoute et qu'on peut se mettre dans le malentendu total, et que même en y mettant du cœur on peut être sur deux planètes. »

Ni toute-puissance ni impuissance, il fait ainsi accéder ses collaborateurs un peu plus au principe de réalité et à leur capacité à agir. Ceux-ci vivent moins dans leurs fantasmes et peuvent alors mieux anticiper et prévoir, mieux appréhender la complexité du management des hommes, en fonction de ce qu'ils savent d'eux et des contextes.

Management par la lucidité. Ces leaders ouvrent les portes du discernement. Ils partagent leur connaissance de la motivation et leur intelligence rationnelle et relationnelle.

Ils lèvent les voiles de l'ignorance, « déchirent les rideaux » qui mènent au-delà de la connaissance superficielle, balisent les points aveugles de la réalité des contextes dans lesquels ils se meuvent. Ils protègent leurs collaborateurs en les guidant et en partageant leurs savoirs, en leur faisant prendre conscience de ce qui peut exister dans les conflits, en arrière de ce qui est dit et des silences. Par exemple, que les grèves cachent profondément un besoin de respect, de reconnaissance et de valorisation, et que les manifestants ne peuvent promener des banderoles pour demander de la dignité, et que, pour cette raison, ils ne parlent aux patrons que le seul langage qu'ils pensent être compréhensibles pour ceux-ci : augmenter les acquis.

Ils ouvrent les verrous s'ils ont les compétences requises, ils les aident à dénouer les situations apparemment sans issue. Parlant d'eux, leurs collègues nous racontent : « C'est une grande pointure. »

Les leaders mettent en place les conditions qui favorisent l'épanouissement de ceux qu'ils se donnent pour vocation de diriger. Ils donnent l'opportunité à toute leur équipe de grandir et donnent l'exemple. Lorsque l'occasion se présente, ils les font accompagner en externe, et les amènent aussi à décoder les mécanismes de dévalorisation ou de sabotage dans lesquels ils se sont enfermés pour ne pas montrer leur puissance et pour réparer les « non » qui n'ont jamais été dits en d'autres temps et d'autres lieux. « J'ai appris l'origine des rapports de pouvoir : le combat pour les places. J'étais dans le fantasme de la place de l'autre, et je ne savais pas qui j'étais, et je ne pouvais donner de place à personne. Maintenant ma place est moins grande car moins fantasmatique, mais elle est humaine. »

Désireux d'optimiser la performance globale, ils mettent en mouvement un processus d'apprentissage qui passe par une réflexion sur les conséquences des gestes posés, une capitalisation des erreurs et du passé dont ils tirent de nouvelles façons de faire et de penser. Les erreurs ne constituent pas un tabou ni un moyen de culpabiliser et de punir. Dans un atelier dans le domaine de la sidérurgie, les erreurs sont étudiées pour être transformées en source de savoir, c'est cela qui les intéresse au plus haut point. Chacun est co-responsable de la situation et des résultats. La recherche de boucs émissaires et les alibis ne font plus partie de la culture à véhiculer.

Éducateurs, ces leaders sont emplis de générosité. Ils se considèrent comme un véhicule et un canal pour transmettre et transformer ce qui doit évoluer. Le pouvoir et le savoir n'appartiennent pas à celui qui les détient. Ils accroissent en compétences et en conscience les personnes avec lesquelles ils travaillent. Leurs employés nous disent : « Avec lui, on se sent intelligent. » Le leadership est management de l'autonomie, développement de l'individuation.

Les savoir-faire de l'entreprise sont aussi identifiés, structurés et mobilisés au service de la pérennité et du projet. Les anciens ont chez eux une valeur ajoutée. Pour ces dirigeants, chacun a un devoir de transmission. Celle-ci est un héritage, un patrimoine d'entreprise et humain. Ils sont bâtisseurs de mémoire.

Management par la vision, le sens et la cohérence avec les valeurs

Visionnaires, ils décèlent les opportunités de développement et de croissance. Ils ont un projet de société qui inclut aussi bien l'environnement interne qu'externe. Ils savent qu'en ces moments de grand changement, ils ne peuvent planifier toutes les étapes, mais que la vision, les valeurs et les objectifs les guident en tout temps. Ils se rendent compte qu'il est plus facile de faire un plan bien bordé que de le suivre. Il suffit aux hommes de savoir qu'il y a un pilote dans l'avion, et qu'ils aient suffisamment confiance en lui pour les mener là où cela est bon pour eux aussi.

Ils n'ignorent pas que la mise en œuvre va requérir des efforts car elle demande exemplarité, transversalité et rigueur. En commençant par l'équipe de direction afin d'abattre les silos à la racine. C'est là qu'ils vont concentrer leur action. Ces dirigeants, par leurs actes, leurs décisions, les procédures et les politiques mises en place, donnent une valeur au travail et à la vie des hommes. Ils attirent les personnes parce que celles-ci sentent qu'ils sont intéressés par ce qu'elles sont et qu'ils leur apportent de l'enthousiasme et de la générosité. Si la vie les ramène fréquemment à la réalité, le sens qu'ils veulent donner à leur existence leur redonne des ailes.

Pour être pérenne, la vision doit se traduire dans des principes de vie au-delà des circonstances et des modes. Un grand nombre d'entreprises aujourd'hui ont compris que le changement culturel est un enjeu stratégique. Elles démarrent par un audit basé sur des questions ouvertes, acceptent les défis perçus par l'ensemble des strates hiérarchiques. Elles prennent le risque de faire rencontrer toutes les catégories de personnel et d'entendre les aspirations et les dysfonctionnements. Les stratégies de mise en œuvre sont définies en fonction de la réduction des écarts entre vision et réalité. Les leaders s'assurent ainsi de bien comprendre leur environnement interne, font un diagnostic qui ne fait pas l'impasse sur les défis humains.

C'est alors qu'ils mettent en place un processus cohérent de gestion par les valeurs. Les systèmes de management sont congruents avec la charte qui est née des aspirations d'un grand nombre dans l'entreprise. Courageusement, cette entreprise, dans le domaine des transports en commun, s'est engagée à restituer le diagnostic à tous ceux qui ont été rencontrés, cadres, employés et syndicats, dans une même salle. Son comité de direction a communiqué les actions correctrices retenues parmi les solutions apportées par les membres de l'organisation, et en a fait des engagements mesurables. Sachant les impacts du flou et de la perte de repères sur l'efficacité et la performance, ils ont clarifié les rôles et les missions, identifié et partagé les attentes respectives. Ils font un suivi de ces actions et en mesurent les progrès. Ils gagnent ainsi en crédibilité et enclenchent le virage culturel avec ceux qui étaient résignés depuis des années.

Management par l'exemplarité et par la co-responsabilité

Hommes d'action, les leaders s'attachent à gérer par l'exemple. Administrer des choses demeure à la portée d'un grand nombre. Conduire des hommes demande de dépasser ses intérêts immédiats et de servir au lieu de se servir. Aussi croient-ils en l'exemple du geste, plus qu'en toutes paroles. À chaque croisée des chemins, ils ont à faire face aux choix qui permettent de se mettre debout et de se regarder en face.

Ils se méfient des vœux pieux : aucune adhésion n'est possible sans crédibilité, celle-ci ne pouvant s'établir qu'à travers une recherche permanente de congruence entre comportements, systèmes de management, rituels et symboles. Ils ont bien intégré qu'il ne faut pas parler des valeurs, mais qu'il s'agit pour les dirigeants de les véhiculer au quotidien. Qu'ils seront jugés sur leurs actes. Quand nous entrons dans les entreprises qu'ils dirigent, nous entendons : « Il fait ce qu'il dit, il a changé beaucoup de choses... C'est un modèle pour nous. »

La charte les concerne en premier lieu. Ils essaient véritablement de faire leur un certain nombre de comportements, ils luttent parfois avec eux-mêmes car le chemin de la cohérence est semé de tentations, de réflexes à éviter, et requiert un fort niveau d'exigence par rapport à soi. Ils savent que l'entreprise les regarde, les compare, les juge et se mobilisera sur ce qu'ils font ou ne feront pas. Ce leader qui voyage de la même manière que ses collaborateurs, croit à la valeur de l'exemple qui vient d'en haut : « La secrétaire lira ma note de frais... Le leader doit être immaculé. »

Agir juste. C'est ainsi qu'ils bâtissent leur crédibilité et favorisent la confiance nécessaire à la motivation.

Ils ont compris que l'implication naît aussi des promesses tenues, que la loyauté peut être demandée s'il y a engagement réciproque pour satisfaire les besoins fondamentaux respectifs, que suivre ses engagements est un acte de leadership, et que ne pas pouvoir et le dire, aussi.

Quant aux hommes qu'ils gèrent, ils reconnaissent leur libre arbitre, mais exigeants avec eux-mêmes, ils ont aussi le même niveau d'exigence avec leurs partenaires. Ils réclament leur responsabilité. Ainsi chaque fois que ce leader reconnu recrute un directeur, il prend le temps de lui dire longuement : « Ce qui m'intéresse, c'est l'homme que vous êtes. » Ce même dirigeant est triste et révolté quand l'un de ses directeurs qu'il estime pour de nombreuses qualités « devient plus pharaonique et interdit à ses équipes tout contact avec les gens du siège social ».

Management des équilibres

Les leaders instaurent aussi une nouvelle alliance. Celle-ci passe par l'écoute des besoins réciproques. Ils ont réalisé qu'il ne peut y avoir de développement durable sans préoccupation éthique, relationnelle, sociale, environnementale et économique. La croissance durable va de pair avec respect de l'environnement et des personnes.

Ils sont de plus en plus en contact avec l'orientation appropriée et prennent une certaine distance avec les dieux du moment. Ces leaders essaient de prendre du recul par rapport au culte de la valeur unique, mortifère. Ce qui les guide, ce n'est pas uniquement le cours de l'action, mais ce qui bâtira l'enthousiasme pour se dépasser. Ils ne prennent pas le problème à l'envers, ils ne coupent pas, ils optimisent les potentiels.

Ils ont appris à accepter leurs qualités et faiblesses, à développer leurs capacités d'empathie sans se sentir menacés ou fragilisés. Ils essaient de concilier cerveau gauche et cerveau droit dans leurs décisions, à leur avantage et à celui de leurs collaborateurs. Ils favorisent aussi bien la rigueur nécessaire que la compassion humaine. Raison et émotions vont de pair, ils refusent les clivages.

Ils tentent l'unité pour équilibrer les forces antagonistes et optimisent intuition et noblesse des sentiments, avec professionnalisme, solidité et force intérieure. Ils laissent peu de place aux cloisonnements et aux paradoxes inhibiteurs. Ils visent les équilibres régénérateurs entre valeurs féminines et masculines. « C'est le meilleur directeur de laboratoire que j'aie eu, il sait trancher, licencier même, mais il a un cœur gros comme ça. »

Ces hommes rassemblent et multiplient. Ils ne sont pas sur un axe de compétition, mais sur un parcours de vie. En quête. Ils acceptent leur humanité, montrent leur sensibilité et vivent de plus en plus leur globalité. Ils ont davantage conscience que ce n'est pas l'accumulation des biens, mais la construction de liens qui révolutionnera les hommes et l'entreprise. « Si je comprends bien, a dit cet énarque entré comme directeur de site, et très attendu dans une culture de polytechniciens, mon métier sera de communiquer. » Et il est descendu serrer les mains et expliquer la stratégie à 1 200 personnes sur le terrain pendant les trois premiers mois de sa prise de fonction.

Management par le mérite

La promotion dépend du mérite individuel, des actes au quotidien, des objectifs atteints et de leur mesure par un large panel, et non des faveurs accordées à certains par d'autres. Sachant à quel point l'équité est cruciale dans la motivation, ils valorisent toutes les contributions.

Dans ce grand groupe agro-alimentaire anglais, les critères d'appréciation sont connus, les promotions et les postes offerts publiés dans les filiales à travers le monde. Les dirigeants qui veulent garder les meilleurs pour eux sont vite repérés. L'intérêt collectif est privilégié. La culture du secret est défavorisée, comme tout comportement d'exclusion ou de favoritisme.

Dans une société para-gouvernementale, le harcèlement exercé pour décourager et dégommer le directeur général par le président qui était animé par une dynamique de pouvoir, a mené l'organisation aux bords du déchirement à cause des guerres larvées. Pourtant la personne qui visait l'intérêt général a été reconnue par l'ensemble de la communauté qui bénéficiait de son éthique et de son désir de contribuer. Elle dira : « C'est bizarre, je suis là pour eux, je ne me suis pas senti directement concerné. J'ai compris que c'était mon poste qu'il visait, pas moi. Je veux sauver un milieu qui ne doit pas mourir. Je n'ai que cet objectif et je le fais avec passion. »

Les employés et la collectivité lui ont donné le support nécessaire pour s'accrocher à sa mission, et fait un rapport au conseil d'administration.

Management par les résultats et management situationnel

Les leaders acceptent l'obligation de résultats, s'en font un devoir. Ces hommes se dressent face aux défis à relever, individuels ou collectifs. Ils mobilisent leurs talents, s'investissent. Leurs découragements de courte durée et le face à face avec leur impuissance parfois leur permettent de rencontrer leurs limites, de porter un regard neuf sur eux, de réaliser que rien n'est acquis. Et qu'ils n'ont aucun autre choix que de s'engager encore pour réussir. Persévérance et « résilience ».

Ils donnent les orientations et les distinguent des priorités, comme de l'objectif ou de la vision. Ils visent la pérennité, aussi se focalisent-ils sur la mission. À l'heure des indécisions, leur critère ultime est l'intérêt général. Et cela est ressenti par tous. Les leaders initient le départ, et par un engagement continu dans le quotidien, mènent les autres au but. En tenant compte des moyens, pas à n'importe quel prix. Ils mettent en place un processus de gestion de la performance, accompagnent l'atteinte des objectifs fixés.

Il y a douze ans, une directrice des ressources humaines dans un hôpital à Montréal s'est rendue compte que le discours d'autonomisation et d'*empowerment* n'était qu'incantatoire, que l'autonomie ne se conquiert pas en un jour, que chacun a son rythme et que certains, plus vulnérables, ont plus besoin que d'autres d'être suivis. Elle a alors mis en place pour les managers un programme de leadership et d'affirmation de soi, suivi d'un programme de management de la performance, avec plusieurs rencontres durant l'année entre les subordonnés et leurs dirigeants. Donner du pouvoir aux autres passe par sa propre capacité à s'affirmer, puis par ses compétences à évaluer la performance des autres personnes. Cette évaluation s'est faite sur la base d'une grille validée par tous, qui permettait de s'assurer de la régularité des progrès et des résultats atteints, et surtout de prendre la mesure de l'aide personnalisée à donner à chacune des personnes à autonomiser. Puis celles-ci ont eu un entraînement personnel ou collectif au coaching.

Réalisant que le collectif aussi a son rythme, et suit des cycles de progression et de régression, les leaders mettent en place des indicateurs de performance et amènent les intéressés à proposer des solutions et à les implanter, car, disent-ils, « nous avons un bassin de richesses ».

Ils se réalisent à travers le pilotage du projet collectif. Savoir qu'ils ont fait une contribution importante est parfois la récompense qui les satisfait. Leur besoin d'accomplissement les pousse plus facilement parce qu'ils acceptent la responsabilité.

Management de la cohésion et de la rupture

Dans des circonstances où la majorité joue de l'inertie, on les voit agir avec de nouvelles perspectives, d'autres manières de faire. Ils montrent que les organisations peuvent sortir de l'impuissance où elles s'étaient confinées. Ils contactent leurs interlocuteurs, leurs clients, leurs fournisseurs, descendent sur le terrain, font partager l'intelligence des experts sur les nouveaux environnements et leurs impacts sur le métier, sur les modèles d'organisation et de services.

Refusant de s'enliser dans les schémas du métier, ils convient des personnes de tous horizons et explorent toutes les avenues où ils ont des compétences. Au lieu de parler de mettre le client au cœur de l'entreprise, ils l'invitent à se prononcer sur la stratégie, la structure, le service et la qualité, mais aussi sur ses propres besoins face à la concurrence. Plutôt que de suivre les stratégies liées aux modes et cycles du gigantisme actuel, ils participent à rendre leurs clients plus profitables. Certaines entreprises de l'industrie pharmaceutique font le choix, entre autres, de conseiller les pharmaciens pour une meilleure gestion de leur entreprise.

Les leaders démontrent qu'il y a aussi d'autres modèles que le pouvoir et le conflit. Dans cette autre entreprise ayant connu une involution forte, avec une équipe de direction peu cohérente jouant les batailles internes et les divisions fratricides, le nouveau dirigeant a coupé irréversiblement avec ceux qui profitent d'un contexte fragilisé et menacent l'unité et la pérennité. Les leaders se révèlent capables de trancher, de prendre le scalpel pour se tourner vers l'avenir quand un groupe ou des personnes menacent la transversalité et le futur. Ils prennent le risque de la rupture. Leur chemin est semé d'interactions, d'événements. Ils considèrent les défis comme des opportunités de se dépasser. Les leaders amènent du dynamisme là où il y avait résignation et *statu quo*.

Pour celui qui accompagne en « bon parent », le moment arrive aussi où il doit dire à celui qu'il accompagne qu'il faut se quitter, partir et se renouveler, se former ailleurs et croître en compétences et en aptitudes différentes. Il s'agit, pour le sauver, de ne pas couver son collaborateur mais de le pousser à apprendre à voler, et de renoncer à sa propre influence sur lui.

Management de proximité

Ces dirigeants anticipent les besoins car, proches du terrain, ils décèlent ce qui va générer une nouvelle tendance, un changement de paradigme. Ils considèrent que les remarques qui leur sont faites par tous les niveaux, sont des cadeaux. Et que leur jour le plus difficile sera lorsque ces personnes se tairont. Aussi lisent-ils les signes avant-coureurs dans ce qui est dit et ce qui fait silence. Par cette veille interne, ils peuvent ainsi mieux comprendre ce qui émerge, détecter les signes de maturité ou de résistance à affronter les changements.

Sachant qui ils sont, ils ont moins peur de l'échange et font des pas vers les autres. Ils ne mettent pas les personnes et les groupes en catégories, en castes. Ils ne les étiquettent pas, ne les jugent pas. Ils ne parlent pas des hommes, ils parlent aux hommes. Ils découvrent que l'intérêt n'est pas dans le but – celui-ci est construction mortelle qui fige –, mais dans le chemin que l'on fait et que l'on fait faire. « Il nous donne de l'air et nous met dans une spirale positive. » Passeurs.

Ces leaders écoutent. L'entrée en relation est ainsi la création d'un espace éthique et affectif où l'interlocuteur peut exister, se dire, et le dialogue entre deux sujets s'instaurer. Communiquer c'est reconnaître à autrui le droit à un espace de dignité et d'intelligence. La relation relie deux différences, deux humanités. Le dialogue, civilisateur, demeure une clé de voûte du travail de ces dirigeants.

Ils communiquent clairement sur les attentes respectives. Ils apprennent à être le lien, le porte-parole des vérités plurielles et solitaires, entre hiérarchie et conseil d'administration, syndicats et patrons, et tous leurs interlocuteurs dans l'environnement externe. Catalyseurs et vecteurs des aspirations profondes. Ils comprennent que tant que l'entreprise n'aura pas résolu ses conflits et dysfonctionnements internes, elle ne peut véritablement se tourner vers ses clients.

Management par une culture d'interpellation et de débat

Les hommes questionnent, ils sont de plus en plus intelligents, leurs interrogations sont pertinentes. Un leader et son équipe, dans le domaine de l'énergie, l'ont bien intégré et ont accepté de partager le diagnostic de l'entreprise avec celle-ci, de le valider dans plusieurs forums internes et de le débattre, au lieu d'en faire un secret comme auparavant.

Ces dirigeants apprennent à accepter la contestation et la différence, sans se sentir atteints et paralysés, sans les considérer comme des offenses. Ils ont conscience qu'il leur faut éviter ce type de situation : « Comme je ne me suis pas tue, je n'ai pu exister auprès d'eux. »

Ils admettent que les collaborateurs s'opposent aux normes et aux interdits qui n'ont de sens que de perpétuer les aliénations, de graver à jamais les chemins tout tracés par tous les pouvoirs. « … Le détenteur du pouvoir doit se rendre accessible, prévoir et faire appliquer les mécanismes qui le rendent interpellable, qui font parvenir jusqu'à lui, sans distorsions, les demandes, critiques et doléances du plus humble d'entre ses administrés. »

Ceux qui veulent une organisation intelligente et proactive, favorisent le développement personnel et collectif qui se révèle à travers l'accès à une parole autonome qui questionne et remet en question. Dans ce système ouvert, ils s'enrichissent des divergences, apprennent à travailler, par boucles de rétroaction. Ils parlent vrai et prennent le risque d'être authentiques.

Management de la relève

Ils réalisent qu'ils ont tout à gagner à donner à tous des opportunités d'épanouissement personnel et professionnel. Clairvoyants par rapport à leurs propres limites, ils se rendent compte que l'avenir de l'entreprise passe par des dirigeants aux qualités différentes selon le cycle qu'elle traverse. Ils laissent leur place quand l'entreprise prépare un virage important pour lequel ils ne sont pas prêts.

Se sachant mortels, ils prennent les devants et accompagnent les dauphins possibles. Dans un secteur hautement traditionnel et public, faisant face à une prochaine déréglementation européenne, les cadres à haut potentiel et la préparation de la relève ne constituent plus un sujet tabou. Un accompagnement individuel est offert à ceux qui seront les relais.

La gestion de l'avenir est traitée de manière stratégique. En cohérence avec les évolutions de l'environnement et avec les valeurs nécessaires, les mentors seront formés également. On ne se révèle pas bon développeur de potentiel un jour parce que l'organisation trouve cela important, ou à la mode. Une stratégie d'accompagnement externe permet aux managers identifiés de se préparer à leurs prochains défis.

Management de l'œuvre commune

Cultiver l'amélioration continue n'est pas un credo, mais une attitude. Construire pour longtemps avec les hommes, leur donner les modalités de l'agir ensemble, pousser la compétence, générer les désirs ou faire émerger le don du cœur, se fait par l'exemple. Leur philosophie managériale se retrouve à travers la qualité et la pertinence des matériaux requis, le choix des hommes pour le pilotage, les processus mis en place, le management de la responsabilité. Ces dirigeants restituent à chacun le pouvoir de « changer ce qui est à changer et de faire ce qui est à faire », d'être à leur tour un catalyseur de talents et un bâtisseur d'avenir.

Bien sûr, ces dirigeants ne sont pas parfaits, et ils ne réussissent pas de la même manière sur tous ces aspects de gestion. Ils y tendent. Par essais et erreurs, ils avancent et obtiennent des résultats que les autres respectent.

Conclusion

Quelques réflexions

Trois mille cinq cents ans de pharaonisme, trois cent cinquante ans de cartésianisme et trente-cinq ans de taylorisme constituent une énorme expérience sur laquelle capitaliser. Les dirigeants sont aujourd'hui en quête d'un nouveau modèle de management.

« Il n'y a plus de place dans le monde actuel pour les pharaons, ils se trompent d'époque », nous dit un leader reconnu par ses pairs et ses employés, et qui a entrepris avec ses dirigeants un processus d'amélioration de la performance individuelle. Gérer les hommes selon la structure pharaonique est un anachronisme par rapport aux évolutions technologiques et aux besoins de proactivité des marchés, des clients et des actionnaires.

Le manager sera payé pour être. Ni clivé, ni cloné, ni administrateur, ni gestionnaire de boîte à outils. Celui qui sera recherché dans un monde en réseau, c'est l'homme, avec ses qualités morales, psychologiques et psychiques, avec sa puissance intérieure. Une entreprise numéro un dans le domaine du luxe, comptant sur des jeunes brillants, atypiques, dynamiques, réalise qu'il leur faut développer une maturité affective. Nous aurons encore plus besoin d'hommes ayant grandi.

Mais il n'existe pas de recettes de savoir-être. La vie affective nous guide, comme nos inconscients collectifs. La voie est celle de l'introspection courageuse, de la capacité à se regarder avec quelqu'un de formé à ce genre de lecture, pour évoluer vers une compréhension plus fine de soi, de son environnement, et prendre conscience de ce qui nous empêche d'être. La majorité des hommes a fondamentalement envie d'apporter une différence positive dans le monde.

Le leader fait faire un pas de plus à son groupe, une avancée. Architecte d'un futur que les hommes accomplissent, esprit qui est appelé à réaliser l'impensable : s'affranchir et affranchir. Démocratie. Pas seulement liberté mais engagement, pas juste conduire mais se conduire, pas uniquement prendre sa place mais faire place, grandir et développer.

Nous avons tout à gagner à libérer les hommes, à avoir de l'influence sur des hommes sans peur. Les vrais leaders se désalièrent des schémas pharaoniques. La demande de tous les employés n'est pas seulement : « Désaliénez-nous. » Aux hommes de pouvoir, ils disent : « Désaliénez-vous. »

Toutes les gouvernances, mondiale, nationale, urbaine et d'entreprise, bien qu'essentielles aujourd'hui, ne peuvent remplacer la responsabilité individuelle et l'élévation de la conscience personnelle. Nous pouvons développer le courage d'une éthique de management, conjuguer économique et social. « Le regard positif et la capacité à embrasser large font aussi partie de nos habiletés. » Si nous arrêtons les stratégies mues par la peur, l'ignorance et l'égocentrisme, nous pouvons atteindre les résultats les plus élevés dans tous les domaines et bâtir ensemble un monde meilleur pour nos enfants. Nous sommes responsables « jusqu'à la quatrième génération ». Prenons le risque de croire en l'homme, donnons-lui l'occasion de devenir leader aussi. C'est à cela, comme à la capacité à régir les paradoxes perçus, que seront identifiées les entreprises phares. Les clients et les actionnaires aussi les choisiront.

Les hommes sont prêts à entendre les besoins organisationnels, économiques et boursiers même. Depuis 3 500 ans, ils font confiance aux dirigeants pour que leurs propres aspirations d'individuation soient prises en compte. Dans tous les lieux de travail, ils réclament encore une terre promise. La culture moïsiaque continue à être l'aspiration des groupes humains et de toute aventure sociale. Ce qu'on découvre dans notre premier livre, ce sont quelques invariants de la réussite. Désaliénation de soi et d'autrui, et cohérence de gestion. La valeur de base, c'est la congruence entre aspirations managériales et ouvrières, entre satisfaction de court terme et vision à long terme. C'est cette recherche nécessaire en vue de créer une collectivité d'hommes, c'est-à-dire de concilier à la fois la gestion des intérêts individuels et celle des intérêts collectifs. Un paradigme qui émerge.

Les dix paroles sont aussi une question sur notre manière de vivre et de gérer les entreprises. Comme un vrai leader se questionne en permanence, que pouvons-nous répondre à ces questions dont l'objectif est de structurer une nouvelle mentalité de gestion par les valeurs ?

Comment pouvons-nous mieux :

➢   Reconnaître nos polythéismes et en sortir ?
➢   Équilibrer performance sociale et performance économique ?
➢   Établir notre crédibilité et notre cohérence ?
➢   Clarifier la vision, les rôles et les responsabilités ?
➢   Mettre en synergie nos compétences et nos intelligences ?
➢   Développer une mentalité de performance et du geste juste ?
➢   Être plus grands que des gestionnaires de boîtes à outils ?
➢   Créer une œuvre commune ?
➢   Nous mettre et mettre autrui sur une voie de progrès ?
➢   Être plus responsables ?

Quels modes de management sur ces nouvelles bases ? Plusieurs sortent des polythéismes et de leurs aliénations, de la mythologie moderne et de son verbe managérial.

Les organisations qui progressent ont compris qu'il n'existe pas de placebo. Elles cherchent d'autres clés. Pour mieux appréhender le changement, elles vont à la source du sens des comportements et règlent les dysfonctionnements qui perdurent. Elles font bouger les schémas mentaux qui bloquent, répondent aux attentes réciproques et aux aspirations humaines, libèrent la parole, instaurent la transparence, entrent dans une tradition d'interpellation et de débat. Elles clarifient la vision, les rôles et les missions, favorisent la transversalité et la résolution des problèmes, accompagnent ceux qui freinent, forment tout l'encadrement au management de proximité et au leadership. Elles font aussi progresser toute l'équipe de direction et leurs relais. C'est à ces prix consentis qu'elles peuvent enfin mettre véritablement les clients au cœur de leur cœur.

De plus en plus de dirigeants sont réceptifs à l'idée d'évoluer. Leurs motivations sont plus conscientes et leur désir émerge, plus vrai. Ils racontent : « J'ai plus appris en un mois qu'en une vie entière. » Parfois, ceux qui les rencontrent ou qu'ils dirigent ont du mal à croire dans leur évolution. Lors de l'évaluation des progrès sur le terrain, incrédules encore ils nous disent : « C'est peut-être vrai, depuis le temps que cela dure, ils ont vraiment changé. »

Tous ont rencontré des leaders reconnus comme tels par toute leur entreprise, et nous disent : « Il nous rend intelligents, il nous respecte… il nous dit merci… on a envie de lui faire atteindre les objectifs. » Et toujours, les autres cadres désireux d'évoluer, apprennent à se dépasser et à sortir de leurs mondes intérieurs.

Aujourd'hui dans des entreprises qui ont gagné les premières places dans le monde, des équipes de direction au complet entendent ce message et entrent dans un leadership d'influence et d'amélioration individuelle et collective. Quel que soit leur âge, ces nouveaux leaders entreprennent d'abord le chemin qui mène à soi, étape qui conduit à la vraie rencontre. Ils découvrent que leur vie n'est pas clivée, qu'il existe une extrême intrication des deux sphères de l'existence et que les difficultés qu'ils rencontrent dans leur travail prennent leur source dans leur vie privée. Et comment un vécu, une histoire familiale et transgénérationnelle peuvent être un frein ou un levier à l'humanité de l'homme, à son épanouissement et à celui de son entourage.

Ils travaillent sur ce qui peut être résolu dans leur vie pour aller plus loin. Ils mûrissent et progressent. Ils développent la confiance à dépasser les nœuds et font « un transfert de réussite ». Ils nous disent qu'ils gagnent en densité, en épaisseur interne, plus riches d'eux et d'autrui. Ils racontent « qu'ils vivent une sorte de réconciliation intime, qu'ils étaient en attente de recevoir et qu'aujourd'hui ils ont le désir de restituer, de donner ». Ils estiment qu'ils s'accompliraient complètement de pouvoir le faire. Chacun peut aller vers le meilleur de soi.

Ils redirigent leur cœur et leur activité et posent de plus en plus de gestes vrais, simples. Cette nouvelle culture devient ainsi un avantage compétitif majeur pour ces sociétés qui ont compris que leur performance de groupe, passe aussi par leur accomplissement. Les résultats financiers suivent. Cette génération de patrons humbles et courageux ouvre de nouvelles voies.

Les leaders que nous rencontrons se rendent compte que toute rencontre avec autrui est a minima, rencontre avec deux cultures, deux histoires personnelles et transgénérationnelles, deux pulsions – plaisir ou agression –, rencontre avec l'étranger et le semblable, avec deux visions du monde. Les équipes qui ont fait cet itinéraire disent : « On est en train de changer de civilisation. »

Quant aux syndicats, il ne s'agit pas d'être défensifs pour préserver les acquis et les emplois ni de combattre le patronat, il ne s'agit plus de luttes de classes, mais d'affranchir des hommes et de les aider à mieux se connaître et se développer, à se responsabiliser dans leur devenir. Nous sommes entrés de manière irréversible dans le temps du réseau. Assurons-nous que les hommes d'aujourd'hui seront intelligents, créatifs et solidaires car ces qualités, qui ne peuvent être exigées mais favorisées, leur seront nécessaires. L'enjeu réside dans la préparation de l'avenir de l'homme. Il s'agit d'aider celui-ci à relever les défis de demain, de s'assurer que, jusque dans les écoles, les programmes rendront les hommes autonomes et responsables. Et que les lieux organisationnels ne deviennent pas ceux de rapports de force mais de l'accomplissement humain. Nos clients et nos actionnaires paient encore pour tout ce que nous n'avons pas résolu de nos histoires affectives.

Apprenons la relation avant que de faire des enfants. Notre rôle de parent demande moins d'ignorance sur la rencontre de nous-mêmes et des êtres humains, comme sur la nature de notre pouvoir sur notre descendance. Le petit de l'homme a parcouru, au moment de naître, les labyrinthes de l'impuissance, des angoisses et des paniques. Il a vécu à cet instant là, seul, les heures les plus tragiques de son histoire pour venir au monde. Il a déjà affronté la peur la plus ultime. Aussi il appartient aux parents de restituer aux enfants cette puissance intérieure pour qu'ils s'opposent un jour à tout pouvoir contrôlant, de les faire advenir. Ils donnent naissance non seulement à un enfant de chair et de sang, mais aussi « à l'enfant imaginaire porteur d'un mandat transgénérationnel ». Ainsi chacun est tributaire d'une histoire qui les dépasse et qui se joue à travers plusieurs générations.

La famille est le premier lieu de puissance ou d'impuissance pour le futur adulte. Cet enfant du Mali, aujourd'hui astronaute à la NASA, parlant d'une des quatre épouses de son père qui n'a jamais enfanté, raconte à quel point celle-ci l'a aimé et entouré de sa tendresse, l'aidant à développer des repères par la confiance placée en lui et en son devenir. « Assuré de mes arrières, je me sens de partout et de nulle part, je suis à l'aise où que j'aille et je suis prêt à partir à tout moment. »

L'homme, vulnérable mais puissant, est toujours au centre de sa vie. Le diamètre de cet univers ne dépend que de lui. Il peut repousser ses limites toujours plus loin, pour être dans sa pleine capacité. L'ancrage est intérieur.

Qu'allons-nous transmettre à notre tour à nos enfants ?

Dans nos écoles, faisons évoluer les instituteurs pour qu'ils développent le potentiel des jeunes âmes qui leur sont confiées et préparons celles-ci au « chemin de l'homme ». Apprenons-leur la complexité de la relation, consacrons-y au moins autant de temps qu'à l'étude des multiplications, des divisions et des équations. La seule qui nous rendrait un peu plus heureux et responsables, c'est une meilleure compréhension de l'équation relationnelle.

Pouvoir ou leadership ?

Dans nos universités, exigeons des professeurs et de ceux qui seront dirigeants demain, un parcours intérieur. La majorité des éducateurs, comme les parents, peuvent se désaliéner pour vivre leur potentiel. Bâtissons des cursus de développement personnel ayant la même valeur que ceux d'acquisition des connaissances traditionnelles. Faisons des hommes plutôt que des étudiants ou des diplômés.

Les femmes peuvent s'autoriser à donner leur pleine mesure. Dans ce monde encore masculin, elles ont à s'outiller davantage et s'initier à la technologie pour ne pas rater ce tournant de l'histoire. La femme apporte à l'homme son autre face cachée. Quand elle a cheminé, elle l'amène à plus d'équilibre. Elle doit aussi à prendre sa place auprès des hommes, c'est à ce prix aussi qu'elle peut faire naître des êtres verticalisés. Elle a contribué à la genèse du monde, son rôle demeure crucial dans la genèse des leaders.

Les hommes bénéficieront également d'être davantage réceptifs à leur sensibilité et à la demande relationnelle qu'elles réclament. Si elles interpellent tant ces derniers, c'est qu'elles veulent le faire accoucher de lui-même, c'est qu'elles savent que c'est dans la générosité, dans sa dimension féminine et à travers la relation, qu'il se révèle meilleur que lui-même. Et que c'est là que résident ses vraies forces.

Ce dernier siècle a connu des héros et des leaders dans une quête démocratique dans tous les domaines, en même temps que des despotes totalitaires ont essayé de déshumaniser d'autres hommes dans des pays ou des sociétés. Aujourd'hui, les employés ont plus de compréhension des changements en cours. La flexibilité refusée, c'est celle de la nuque basse. Celle qui est proposée et acceptée, c'est celle du dialogue de deux sujets, pour traverser d'autres rives ensemble. Le peuple humain peut se tenir debout et solidaire devant tous les pouvoirs qui aliènent, et porter un regard juste, ni alarmiste, ni indifférent, mais affranchi.

Les hommes émergent de la multitude et font un leadership de contribution

Les mutations continuent de se produire. Nous sommes à la croisée des chemins. Il y a convergence historique des personnes et des entreprises. Nous sommes à un tournant identique à celui qui se présentait à Moïse : la responsabilité des leaders d'apporter du sens dans un monde qui risque de se déshumaniser.

Des millions de personnes se rencontreront sans jamais se toucher, l'espace-temps-vitesse sera aboli. Nous serons dans un processus d'influence d'une culture sur l'autre, d'une génération sur l'autre. Toutes les paroles et tous les verbes seront entendus : milliards de dialogues et d'images et de sons en temps réel ou différé. Chacun dépositaire et récepteur, observateur et acteur, tout puissant.

Dans cette Babel, la diaspora mondiale désormais interdépendante, n'aura pas d'autre possibilité, pour rester humaine, que la solidarité et la rencontre vraie, seuls ancrages dans le réel. À l'inverse d'Internet où ce qui importe c'est que le message parvienne, pour la dignité des hommes ce qui importe c'est le chemin parcouru.

Au troisième millénaire, il nous faudra encore plus relever le défi de l'humanisation. Notre danger étant de déifier le monde numérique. Nous serons des milliards à être seuls. L'éthique relationnelle qui se joue dans le face-à-face sera encore plus cruciale dans la rencontre immatérielle, car celle-ci nous éloignera facilement de la responsabilité qui émerge dans le face-à-face de deux visages, de deux odeurs, de deux voix, de deux âmes, d'une poignée de main. L'être-ensemble, dans un monde « high-tech », nécessitera du « high-touch » si nous voulons demeurer des humains.

La pyramide est la première icône de l'aliénation de tous au pouvoir d'un seul. Le Web sera-t-il la deuxième icône de l'aliénation de tous au pouvoir virtuel ? Ou celle de l'affranchissement, construction d'une communauté planétaire vivant son humanité en même temps que son progrès ?

Le nomadisme international caractérisera vraiment notre société. Nous avons dans notre tradition des principes essentiels pour qu'une culture d'entreprise puisse favoriser un leadership transculturel. Nous pouvons apprendre de notre tradition quelques fondements sur le sens de la solidarité apatride.

Ce livre dit : voici le chemin parcouru et à parcourir par les leaders et par l'homme : désaliénation de son ego, de ses mythes, et projet. Si chacun travaille à réparer son histoire familiale et culturelle, alors l'humanité se réparera, plus féconde. Se réinventer, c'est s'engager dans une nouvelle alliance : une gestion par les valeurs. « Le travail du leader est de donner sens aux hommes pour qu'ils aient envie de créer ensemble, d'aller dans la même direction. Et que des tailleurs de pierres, ils fassent émerger des bâtisseurs de cathédrales. Pas pour faire des briques et engendrer de la tristesse, mais pour donner du sens à l'investissement au travail. »

Ce qui est au cœur de l'entreprise, c'est son cœur. Elle peut être ce lieu de transition démocratique du leadership. Nos organisations peuvent être des lieux de civilisation. De tout l'univers, seul l'homme ne vit pas encore son plein potentiel. Or nous sommes tous capables d'intelligence du cœur. Nous avons tous en nous, même refoulée, cette conception biblique d'un homme capable d'être plus grand que lui-même. Nous sommes tous porteurs des valeurs fondamentales. Aujourd'hui il est possible pour chacun de déchiffrer certains ressorts de la complexité humaine. Nous pouvons entrer dans ce troisième millénaire moins aliénés. La connaissance intérieure se démocratise.

Lorsque l'ego laisse un peu de place à autrui, c'est une étincelle d'humanité qui se perpétue en lui. Il n'est pas demandé à chacun d'être Moïse, mais de devenir lui-même. Il y a un leadership possible : celui de l'homme verticalisé, qui se met et met autrui sur une voie d'accomplissement. Le leader a une responsabilité civilisatrice.

Remerciements

Je tiens à remercier pour leur contribution : mon frère José, ma sœur Violette, mon père ; Joseph Adès, Madeleine Ailhaud, Marie-Béatrice Baudet, Daniel Benitah, Agnès Braucourt, Catherine Bugeon, Bernard Castel, Alain Chanlat, Pierre Delaporte, Abel Gershenfeld, Albert Jacquard, Hughes Jauffret, Guillaume de Lacoste, Emmanuel Lévinas, Jean-François Magnan, Christian Napierala, Martal Lawee, Jean Ouellette, Yaakov Rabkin, Tony Russell, Jacques Salomé, Édouard Stacke, Bruno Tilliette, Shmuel Trigano, Danielle Ros, Yves Sida, Xavier Yon, et les dirigeants et employés qui m'ont fait confiance.

Bibliographie

ABRAHAM Nicolas, TÖROK Maria, *L'Écorce et le noyau*, Flammarion, Paris, 1987

AKTOUF Omar, *Le Management entre tradition et renouvellement*, Gaëtan Morin, Paris, 1994

ANZIEU Didier, *Le Groupe et l'inconscient*, Dunod, Paris, 1996

BALMARY Marie, *La divine Origine*, Grasset, Paris, 1993

BALMARY Marie, *Le Sacrifice interdit*, Grasset, Paris, 1986

BARBOTIN Christophe, DAVID Elisabeth, *L'ABCdaire de Ramsès II*, Flammarion, Paris, 1997

BRISSON Nicole, OUELLET Brigitte, *Le Guide spirituel de l'Égypte*, Éditions du Rocher, Monaco, 1995

BUBER Martin, *Moïse*, Presses Universitaires de France, Paris, 1957

BUBER Martin, *Le Chemin de l'homme*, Éditions du Rocher, Monaco, 1995

BUISSON Nicole, OUELLET Brigitte, *Le Guide spirituel de l'Égypte, Voyage au cœur du sacré*, Éditions du Rocher, Monaco, 1995

BURKE Mike, *Styles de pouvoir*, Dunod, Paris, 1991

Cantique des cantiques, Mille et une nuits, Paris, 1994

CFPC, Les Cahiers, *Responsabilité : un enjeu décisif*, Paris, 1996.

CHANLAT Jean-François, *L'Individu dans l'organisation*, Presses de l'Université de Laval et Eska, 1990

CROZIER Michel, TILLIETTE Bruno, *La Crise de l'intelligence*, InterEditions, Paris, 1995

DAUMAS François, *La Vie dans l'Égypte ancienne*, Presses Universitaires de France, Paris, 1968

DESROCHES-NOBLECOURT Christiane, *Le Secret des temples de la Nubie*, Stock/Pernoud, Paris, 1999

DESROCHES-NOBLECOURT Christiane, *Ramsès II*, Éditions Pygmalion/Gérard Watelet, Paris, 1996

D'IRIBARNE Philippe, *La Logique de l'honneur*, Le Seuil, Paris, 1989

DUMAS Didier, *Sans Père et sans parole*, Hachette, Paris, 1999

DRAÏ Raphaël, *La Traversée du désert*, L'invention de la responsabilité, Fayard, Paris, 1988

DRAÏ Raphaël, La Sortie d'Égypte, *L'Invention de la liberté*, Fayard, Paris, 1986

FINKIELKRAUT Alain, *L'Humanité perdue*, Le Seuil, Paris, 1993

FLAVIUS Joseph, *Les Antiquités juives*, Livre II, Le Cerf, Paris, 1990

FREUD Sigmund, *Le Malaise dans la culture*, Presses Universitaires de France, Paris, 1995

FREUD Sigmund, *Inhibition, symptôme et angoisse*, Presses Universitaires de France, Paris, 1993

GIRARD René, *Des Choses cachées depuis la fondation du monde*, Grasset, Paris, 1978

GUSDORF Georges, *La Parole*, Presses Universitaires de France, Paris, 1952

JEAMMET Nicole, *Les Destins de la culpabilité*, Presses Universitairs de France, Paris, 1993

KAHN Zadoc, *La Bible*, Tome 1, Éditions Sinaï, 1974

KELLEY-LAINÉ Kathleen, *Peter Pan ou l'enfant triste*, Calmann-Lévy, Paris, 1992

KETS DE VRIES Manfred, MILLER Danny, *L'Entreprise névrosée*, McGraw Hill, Paris, 1985

KETS DEVRIES Manfred, MILLER Danny, *Unstable at the top*, First Mentor Printing, 1989

KILEY Dan, *Le Syndrome de Peter Pan*, Odile Jacob, Paris, 1996

KLEIN Mélanie, RIVIÈRE John, *L'Amour et la haine*, Payot, Paris, 1968

LAPIERRE Laurent, et collaborateurs, *Imaginaire et leadership*, Tomes 1, 2 et 3, Éditions Québec/Amériques, 1994

LEGENDRE Pierre, *La Fabrique de l'homme occidental*, Mille et une nuits, Paris, 1996

LE SAGET Meryem, *Le Manager intuitif*, Dunod, Paris, 1992

LÉVINAS Emmanuel, *Le Temps et l'autre*, Presses Universitaires de France, Paris, 1989

MANN Thomas, *La Loi*, Mille et une nuits, Paris, 1996

MENDOZA Jean-Louis (Juan de), *Cerveau gauche, cerveau droit*, Flammarion, Paris, 1995

MILLER Alice, *L'Avenir du drame de l'enfant doué*, Presses Universitaires de France, Paris, 1996

NEHER André, *Moïse et la vocation juive*, Le Seuil, Paris, 1958

NEUBERG Marc, EWALD François, HIRSH Emmanuel, GODRAD Olivier, *Qu'est-ce qu'être responsable ?* Édition de sciences humaines et PolyPAO, Paris, 1997

OUAKNIN Marc-Alain, *Lire aux éclats*, Lieu Commun, Paris, 1989

PAUCHANT Thierry, et collaborateurs, *La Quête du sens*, Éditions Québec/Amériques, 1996

RENAN Ernest, *Qu'est-ce qu'une nation ?* Mille et une nuits, Paris, 1997

ROSNAY Joël (de), *Le Macroscope*, Le Seuil, Paris, 1975

SCHÜTZENBERGER Anne Ancelin, *Aïe, mes aïeux*, La Méridienne, Paris, 1993

SOUZENELLE Annick (de), *Le Symbolisme du corps humain*, Albin Michel, Paris, 1991

SOUZENELLE Annick (de), *Œdipe intérieur*, Albin Michel, Paris, 1998

TISSERON S., TOROK M., RAND N., NACHIN C., HACHET P., ROUCHY J.-Cl., *Le Psychisme à l'épreuve des générations*, Dunod, Paris, 1995

VARGA Kati, *L'Adolescent violent et sa famille*, Privat, Toulouse, 1992 ; Payot, Paris, 1996

ZAVALLONI Marisa, LOUIS-GUÉRIN Christiane, *Identité sociale et conscience*, Presses de l'Université de Montréal, 1984.

Time Magazine, « Person of the century », 31 décembre 1999

Le concours médical, A. Birobent, A. Bennet, L. Schmitt, « Aspects psychologiques de l'informatique », janvier 2000, volume 122

Air France Magazine, « Portrait du Cheick Modibo Diarra », décembre 1999

www.ingramcontent.com/pod-product-compliance
Lightning Source LLC
Chambersburg PA
CBHW051638170526
45167CB00001B/244